神社から読み解く
信仰の日本史

島田裕巳

SBビジュアル新書

はじめに

◆ 形を変えながらも受け継がれてきた神社

　神社は私たち日本人にとって身近な存在である。最近では、海外からの観光客も神社を訪れることが多くなっている。それも、神社という形態が、他の国には見られない日本独自のものだからである。とくに鎮守の森があるために、神社は訪れる者に深遠で静謐な印象を与える。訪れるだけで、身心をリフレッシュしてくれる。そこに神社の大きな魅力がある。

　ただ、現在の私たちは、神社というものは、鳥居と拝殿と本殿からなるものだという固定観念を抱いている。時代を遡ると、それは古代からのことではない。奈良の大神神社に拝殿はなく、その奥にある三輪山が神体山になっていることはよく知られているが、昔は、神社の社殿に神が常駐しているとは考えられていなかった。神体とされる山、とくにそのなかにある磐座が祭祀の中心だった。

　したがって、寺院建築に比べて、神社建築の歴史は浅い。寺院建築としてもっとも古い法隆寺の金堂は7世紀後半に建てられたものだが、最古の神社建築は、京都の宇治にある宇治上神社で、こちらは11世紀のものである。神は社殿に常駐するのではなく、祭祀を行うたびに斎場に呼び出す存在だったのだ。

　その点に留意する必要はある。古代の神社を考える場合、現在の形態をもとにするわけにはいかない。それに、平安時代後期からはじまる中世の時代には、「神仏習合」という形がとられ、寺院と神社はどこでも密接な関係を持っていた。明治に入る際の「神仏分離」によって両者は引き離されてしまったが、近世が終わるまで神社に仏塔が建っているのは当たり前の光

景だった。

　逆に言えば、神社は、その形を変えながら、古代から現代にまで受け継がれてきたわけである。その意義は極めて大きい。キリスト教が広がったヨーロッパで土着の信仰が根絶やしにされてしまったのとは対照的である。

◆ 神社を軸に日本史を再考する

　本書で試みるのは、歴史の長い神社を軸に日本の歴史を考え直そうとすることである。時代は変化しても、日本人はつねに神を祀るという行為を重視してきた。しかも、そこには政治ということが深くかかわってきた。時の権力者は、いついかなる時代においても、神社という存在を重視し、それを政治に生かすことに腐心してきた。

　神への信仰の場である神社は、いったい日本の歴史のなかでどういった役割を果たしてきたのだろうか。神社が人と神とを媒介する場であるとするなら、それは、神の力を人間がいかに受けとめ、活用してきたのかということを意味する。

貞秀筆『大日本神社双六』（国立国会図書館蔵）。伊勢神宮を中心に全国の神社が描かれている。

神社を軸に日本の歴史を考え直すという試みは、意外なことに、これまで十分にはなされてこなかった。そこには、神道という宗教が開祖も教義も教典もなく、語ることが難しいということがかかわっている。

　だが、神社に焦点を当てて日本人の歴史を振り返るならば、これまでとは違う日本史の姿が立ち現れてくるはずだ。それは、相当に挑戦的な試みなのである。

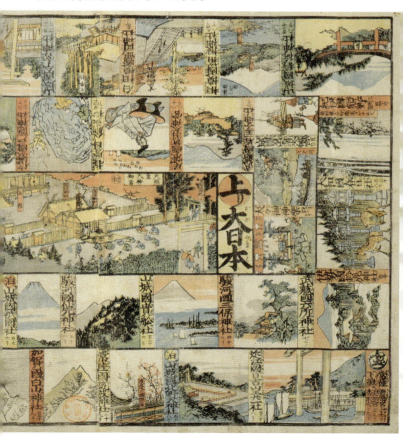

はじめに …………………………………………… 3

第一章
神道と神社の発祥

Outline▶神社と神道の歴史①
原始〜古代①（神代）

神道の起源と自然崇拝 …………………………… 14
八百万の神々 ……………………………………… 15

- **神社の起源**

神奈備 ……………………………………………… 16
磐座 ………………………………………………… 18
神籬 ………………………………………………… 19

- **記紀神話と神社**

『古事記』『日本書紀』と日本神話 ……………… 20
伊邪那岐の幽宮 …………………………………… 21
天津神と国津神 …………………………………… 22
皇室の祖先神にして最高神 ……………………… 24
皇居に祀られていた天照大神 …………………… 25
倭姫命の巡幸 ……………………………………… 26
食事を司る神 ……………………………………… 27
神の島の祭祀遺跡 ………………………………… 28
天皇家を助ける航海の神 ………………………… 29
大陸への玄関口に鎮まる海の神々 ……………… 30
全国に鎮まる住吉の神 …………………………… 31
東国に鎮まる神話の神々 ………………………… 32
内陸で出会った狩猟民と農耕民 ………………… 34
現人神とされた大祝・諏訪氏 …………………… 35

- **天孫降臨と日向三代**

複数説ある天孫降臨の地 ………………………… 36
海幸山幸と鵜葺草葺不合命 ……………………… 38

Column 神社の主な本殿様式① …………… 40

第二章
天皇家の誕生と古代豪族

Outline ▶ 神社と神道の歴史②
古代②（人代）

神代から人代へ ……………………………… 44
大和政権の成立と神道 ……………………… 45

●神武東征にまつわる神社

南九州と天皇家 ……………………………… 46
神武東征の足跡① …………………………… 47
神武東征の足跡② …………………………… 48
大和平定 ……………………………………… 49

●古代の英雄・豪族たちと神社

崇神天皇の王権確立 ………………………… 50
倭建命の伝承 ………………………………… 52
熱田神宮と倭建命 …………………………… 54
大和政権と豪族たち ………………………… 56
古代豪族にまつわる各地の神社 …………… 58

●神功皇后・応神天皇にまつわる神社

神功皇后の伝承 ……………………………… 60
応神天皇と八幡神 …………………………… 62

●渡来系氏族と神社

古代日本と渡来系氏族 ……………………… 64
渡来系氏族にまつわる神社 ………………… 66

Column 鳥居とは何か ……………………… 68

第三章
律令国家の成立と神仏習合

Outline ▶ 神社と神道の歴史③
奈良・平安時代～中世①

律令国家の成立と神道 ……………………… 72

神仏習合の時代 ················· 73
・**神祇制度の確立と神仏習合**
　　『延喜式』神名帳とは ············ 74
　　二十二社制度とは ················ 76
　　仏の守護神となった八幡神 ········ 77
・**神仏習合と神社**
　　両部神道と山王神道 ·············· 78
　　神身離脱説と本地垂迹説 ·········· 79
　　僧によって開かれた石清水八幡宮 ·· 80
・**修験道の発展**
　　山岳信仰と密教 ·················· 82
　　大和から全国へと広がった修験道 ·· 83
　　熊野三山 ························ 84
　　出羽三山 ························ 86
　　白山信仰 ························ 87
　　修験道の主な聖地 ················ 88
　close up 一宮と総社 ················ 90

　Column 神社の主な本殿様式② ········ 92

第四章
神として祀られた人々と武士の時代

Outline 神社と神道の歴史④
奈良・平安時代～中世②
　　神として祀られた人々 ············ 96
　　貴族から武士の時代へ ············ 97
・**御霊信仰と英雄神**
　　御霊信仰のはじまり ·············· 98
・**天神信仰の発祥**
　　神として祀られた菅原道真公 ······ 100
　　太宰府天満宮の発祥 ·············· 102

菅公ゆかりの名社 ……………… 103
　　その他の主な人物神 ……………… 104
・**武士の時代の幕開け**
　　平清盛と嚴島神社 ……………… 106
　　源頼朝と鶴岡八幡宮 ……………… 108
　　源義経ゆかりの神社 ……………… 110
　　水天宮に祀られた安徳天皇 ……… 111
　　close up **中世における神道の流れ** … 112
　　神となった徳川家康 ……………… 114
　　各地に祀られた家康公 …………… 116
　　再興した豊国神社 ………………… 117

Column **神社の主な本殿様式③** …………… 118
　　　　七福神とは何か ………………… 119

第五章
江戸の庶民信仰

Outline ▶ 神道と神道の歴史⑤
近世
　　江戸開府と神道 …………………… 122
・**徳川家ゆかりの神社**
　　徳川家康の江戸設計 ……………… 124
　　各地の神社と徳川家 ……………… 126
・**江戸庶民の参詣ブーム**
　　伊勢やこんぴらが大人気 ………… 128
　　お伊勢参り ………………………… 130
　　こんぴら参り ……………………… 132
　　秩父霊場参詣 ……………………… 134
　　大山・江の島参詣 ………………… 136
　　東国三社参り ……………………… 138

- **江戸庶民の信仰と行楽**
  江戸庶民の行楽地となった神社 …………… 140
  手軽な観光地だった王子 ………………… 142
- **江戸三大祭**
  江戸っ子と神田祭 ………………………… 144
  もう一つの天下祭、山王祭 ……………… 146
  深川の水掛け祭 …………………………… 147

Column　狛犬・神使とは何か ……………… 148

第六章
分かたれる神と仏

Outline　神社と神道の歴史⑥
近代
明治維新と神社 …………………………… 152
戦後の神社と神道 ………………………… 153

- **招魂社と建武中興十五社**
  東京招魂社から靖國神社へ ……………… 154
  建武中興十五社とは ……………………… 156
- **全国に祀られた戦国武将**
  近代になって祀られた武将たち ………… 160
- **開拓地に祀られた神々**
  北海道開拓と神社 ………………………… 162
- **天皇を祀る神社**
  ゆかりの地に祀られた天皇 ……………… 164
  紀元2600年 ……………………………… 165
  明治神宮の創建 …………………………… 166
- **日清・日露戦争の英雄たち**
  祀られた軍神たち ………………………… 168

| close up | その他の神になった偉人たち ………… 170

| Column | 現代の神社事情 ………… 172
おわりに ………… 188

巻末付録

日本史×神道（神社）史　対照年表 ………… 176
掲載神社マップ ………… 182
掲載神社索引 ………… 186

イラスト境内図　掲載ページ

大神神社 ………… 16
出雲大社 ………… 23
皇大神宮（内宮） ………… 24
豊受大神宮（外宮） ………… 26
熱田神宮 ………… 55
宇佐神宮 ………… 63
伏見稲荷大社 ………… 65
春日大社 ………… 75
石清水八幡宮 ………… 80
北野天満宮 ………… 101
嚴島神社 ………… 107
日光東照宮 ………… 115
靖國神社 ………… 155
明治神宮 ………… 167

第一章

神道と神社の発祥

太古の日本では、自然など人知の及ばぬものが畏怖（いふ）され、崇（あが）められてきた。やがて狩猟採集生活に稲作や農耕が取り入れられていくと、太陽を司る神が最高神として崇敬されるようになっていった。

三輪山…大神神社には本殿がなく、拝殿から奥の三ツ鳥居を通して神体山である三輪山を拝むという古来の信仰の形が残されている。

Outline ▶神社と神道の歴史①

原始〜古代①（神代）

◆ 神道の起源と自然崇拝

現代の人間は科学という武器を持ち、自然を観測し、それをもとに予測を立てることができる。

古代の日本人には、そうした便利な武器はなかった。その分、直感はすぐれていたはずだ。けれども、自然の突然の変化に驚かされ、それを脅威に感じていたことだろう。

そこからは自然に対する畏怖の感覚が生まれる。自然は偉大であり、自分たちの力を超えている。そんな状況では、人間は自然の前に謙虚にならざるを得なかった。

そして、自然を崇めた。山などにある巨岩は「磐座（いわくら）」として信仰の対象になり、それは山全体に及んだ。立派な樹木が、神の宿る「神木」として崇められることもあった。

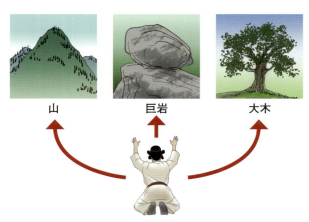

山　　　巨岩　　　大木

古くから日本人は山そのものや森、巨岩（磐座）や巨木（御神木（ごしんぼく））などに神が宿ると考え、崇敬の対象としてきた。社が建てられるようになったのは仏教の影響といわれている。

八百万(やおよろず)の神々

　日本は昔から災害の多い国だった。それも、山地が70パーセント以上を占め、しかも、火山が多いからだ。火山が多いということは、地震に見舞われる確率が相当に高いということを意味する。

　地震や津波、風水害に翻弄(ほんろう)されてきた日本人にとって、唯一絶対の創造神という観念は馴染まない。災害に見舞われるたびに、「神よ、なぜそれほど過酷な試練を私たちに与えるのか」と嘆かなければならないからだ。

　日本では、一つの神ではなく多くの神が信仰されてきた。それは「八百万の神々」と呼ばれ、自然を象徴する多種多様な神々が信仰の対象となった。それは仏教が入ってきても変わらなかった。仏教の世界にもさまざまな仏がいて、土着の神々はそうした仏と溶け合い、「習合」することになったからだ。

神社に集う神々の錦絵
『大日本歴史錦繪』(国立国会図書館蔵)より「出雲國大社八百万神達縁結給圖」(いづものくにおおやしろやおよろずのかみたちえんむすびたまうず)」。出雲大社では、旧暦10月には全国の八百万の神が出雲に集い縁結びの会議をするとされる。

神社の起源

◆ 神奈備(かんなび)

　今でも比較的規模の大きな神社を訪れると、その背後に小高い山がそびえているのに気づく。そうした山は、神が宿る「御神体(ごしんたい)」ととらえられることが多い。御神体となった山のことは「神奈備」とも呼ばれる。

　その代表が、奈良にある大神神社(おおみわ)だ。大神神社には、拝殿はあっても本殿はない。時代を遡れば、中世においては拝殿さえなかったと考えられる。背後の三輪山(みわやま)が神奈備で、祭祀は三輪山のなかで営まれた。

　三輪山に登ってみれば、大きな岩が至る所にあることに気づく。昔の人々はその岩の前で祭祀を営んだのである。

狭井神社…本社の荒(あらみたま)魂を祀る摂社で、三輪山への登拝口がある。

薬井戸
豊鍬入姫宮
市杵島姫社
貴船社
神御前社
冨士・厳島社
箸墓古墳

檜原神社
大神神社の摂社。三ツ鳥居を通して神籬(ひもろぎ)を拝むという古い神社の形式を残している。

巳の神杉…古来、蛇の神が宿る雨乞いの杉として信仰されてきた。

大神神社
重要文化財の拝殿は、寛文14年(1664)に徳川4代将軍家綱が造営。

大神神社境内図

- 磐座社
- 活日社
- 祈祷殿
- 拝殿
- **三ツ鳥居**…禁足地との境界となる三連の鳥居。国指定重要文化財。
- 神宝社
- 天皇社
- 大行事社
- 玉列神社
- 八阪社
- 巳の神杉
- 宝物収蔵庫
- **志貴御県坐神社**…祭神は大己貴神で、境内には原始信仰を物語る磐座がある。
- 久延彦神社
- 二の鳥居
- 素佐男神社
- JR桜井線(万葉まほろば線)
- 三輪駅
- **若宮社(大直禰子神社)**…かつて大神寺(おおみわでら)として栄えたが、明治の神仏分離で大神神社の摂社となった。
- 一の鳥居
- 大鳥居
- **綱越神社**…例祭のおんぱら祭にちなんで「おんぱらさん」とも称される式内社。

磐座
いわくら

　磐座とは、古代において、その前で祭祀が営まれた大きな岩や石のことである。古代の人々は、そうした磐座に神が現れると考えた。古い神社の建物が残されていないのも（一番古くて11世紀）、重要なのは磐座やそれがある神体山だったからである。

　磐座は各地にあり、現在でも神聖なものと考えられている。そのうちもっとも規模の大きなものは、玄界灘の孤島、沖ノ島の場合だ。そこにはかなり大きな磐座がいくつもあり、4世紀から10世紀まで大和朝廷の祭祀がそこで行われた。

　その点で、磐座こそが神社の原型であったことになる。古代の人々は、磐座で祭祀を行うことで神々と交わったのだ。

天の岩船…御神体の磐座で、御祭神が高天原（たかまのはら）から降臨した際に用いた船と伝わる。

磐船神社
巨石を御神体として祀る磐座信仰の歴史を色濃く残す古社。御祭神は天孫・邇邇芸命（にぎのみこと）の兄とされる饒速日命（にぎはやひこのみこと）を祀る。

生島足島神社
いくしまたるしま

御祭神は日本全体の国の御霊とされる生島大神と足島大神で、摂社（下社・下宮）には諏訪大神を祀る。長野県上田市に鎮座。

磐座・磐境…生島足島神社境内にある古代の祭祀跡と伝わる磐座・磐境。写真に写ってないものも含めて全部で5石ある。

神籬…全国でも数少ない神籬の古代斎場。境内でもっとも神聖な場所の一つとされている。

宗像大社
辺津宮境内にある高宮祭場と神籬。高宮祭場は、宗像三女神が降臨した場所と伝わる。

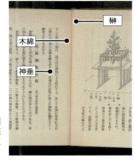

『御嶽教祭事規範』(国立国会図書館蔵)より神籬の絵図。神籬は神霊を招くために清浄な榊を立てたもので、玉串の原形とされる。

◆ 神籬(ひもろぎ)

　神籬とは、現在では、下にむしろを敷いて、八つの脚の机を置き、その上に枠を組んで中央に榊の枝を立て、木綿と紙垂(で)を取り付けたもののことを言う。これは、屋外で行われる、たとえば地鎮祭などの祭祀で用いられる。

　神籬は、もともとは神木に由来する。神の宿る神木を他の木と区別するために玉垣で周囲を囲い、注連縄で囲んだものが神籬だった。神木となるのは常緑樹である。常緑樹は、「常磐木(ときわぎ)」とも呼ばれ、一年中緑の葉を絶やさないために、生命力にあふれ、神聖なものと考えられた。

　諏訪大社では、「御柱祭」が名高いが、7年ごとに神木を立て直す、再生させる祭としてとらえることもできる。

記紀神話と神社

◆『古事記』『日本書紀』と日本神話

　『古事記』は、日本の神話について記した書物である。『日本書紀』は、日本で最初の歴史書となるが、代々の天皇の事績をつづる前の部分では神話が語られている。

　神話は架空の物語であり、世界の民族にはそれぞれ独自の神話が存在している。日本は、さまざまな点で中国や朝鮮半島の影響を受けてきたが、神話に関しては独自な物語が伝えられてきた。

　『古事記』と『日本書紀』につづられた神話は「記紀神話」とも呼ばれ、天地開闢からはじまって、国生みや天照大神の岩戸隠れなど、さまざまなエピソードが含まれている。

天沼矛

伊邪那岐命…黄泉の国から戻ったのち、天照大神、月読命、須佐之男命の三貴神を生んだ。

伊邪那美命…火の神を生んで絶命したのち「黄泉津（よもつ）大神」となる。

『日本建国物語』（国立国会図書館蔵）より「天の浮橋」。伊邪那岐命と伊邪那美命の男女二神は、この天空の橋から天沼矛で海をかき混ぜ、最初の島・淤能碁呂島（おのごろじま）を作ったという。

◆ 伊邪那岐命の幽宮

　日本の国土を生んだのは伊邪那岐命と伊邪那美命であった。ところが、伊邪那岐命は、火の神を生み、亡くなる。

　亡くなった伊邪那美命が向かったのは黄泉の国である。妻を恋しく思った伊邪那岐命は、黄泉の国までおもむくが、妻はすでに蛆のわくからだになっていた。その伊邪那岐命が鎮まる幽宮（隠棲の住処）とされるのが多賀大社と伊弉諾神宮である。

多賀大社
滋賀県犬上郡多賀町に鎮座。伊邪那岐大神と伊邪那美大神を祀る古社で、延命長寿の神として名高い。

東アジアに分布する共通の神話

記紀神話にある「国生み」に似た神話はアジア各地にあり、例えばポリネシアには男女の神が島々を生んだとの神話がある。また、同じくポリネシアやモンゴルには矛で海をかき混ぜて土地を作る神話があり、それらが朝鮮半島を経て国生み神話の原形となったとも考えられている。

◆ 天津神と国津神

　記紀神話には、「天孫降臨」の物語が出てくる。これは、天照大神と高御産巣日神（高木神とも）が相談し、天忍穂耳命などを高天原から天降りさせて、地上の葦原中国を治めさせたという物語である。葦原中国の平定は、なかなかうまくいかなかったと伝えられている。神話の背後にどういう現実の歴史があるのかは分からないが、それまでとは異なる民族によって日本が征服された史実を反映しているという見方もできる。

　高天原の神々や天孫降臨した神々が「天津神」である。一方、もともと葦原中国にいた土着の神々が「国津神」である。『古事記』には出雲大社の祭神である大国主命による国譲りの話が出てくるが、大国主命こそ国津神の代表的存在である。

出雲大社の主祭神である大国主命は、『古事記』では須佐之男命の6世の孫とされる。また、「因幡の白兎」の物語から大国主命は医療・医薬の神としても信仰される。

皮を剥がれた兎を憐れんだ大国主命は、真水で体を洗いガマの穂で包めば治ると教えた。

出雲大社
出雲大社の本殿。壮麗な大社造の本殿は高さ24mを誇るが、上古にはさらに高く32丈（約96m）、中古には16丈あったとも伝わる。

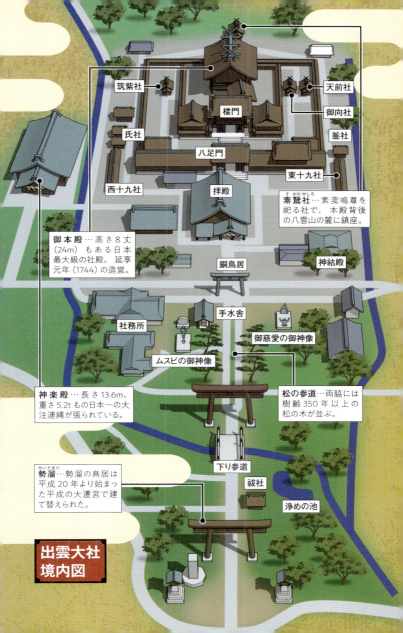

◆ 皇室の祖先神にして最高神

　皇室の祖先神を「皇祖神」と言う。一般には、天照大御神が皇祖神としてとらえられている。ただし、記紀神話によれば、天照大神以前にも神々が存在したわけで、高御産巣日神が本来の皇祖神だとする見解もある。

　天照大御神が重要なのは、多くの民族で中心的な神とされる太陽神だからである。岩戸隠れの話はよく知られているが、これは、日蝕をもとにしているとされる。天照大御神は、正式には皇大神宮と呼ばれる伊勢神宮の内宮に祀られている。

皇大神宮（内宮）境内図

- 荒祭宮…天照大御神の荒御魂を祀る別宮。
- 正宮…伊勢神宮にしか存在しない唯一神明造という様式のの正宮は四重の垣根に囲まれている。
- 大山祇神社
- 神楽殿
- 参集殿
- 御厩
- 宇治橋
- 神苑
- 手水舎
- 瀧祭神
- 五十鈴川御手洗場…心身を清める場で、倭姫命が御裳の裾をすすいだとの伝説が残る。
- 風日祈宮…風の神を祀る別宮で、元寇の際に神風を吹かせたと伝わる。

皇大神宮（内宮）
三重県伊勢市に鎮まる伊勢神宮内宮の正宮（しょうぐう）。約2000年前の鎮座と伝わり、三種の神器の一つである八咫鏡（やたのかがみ）を御神体として祀る。

皇居に祀られていた天照大神

　伊勢神宮の正式な名称は「神宮」である。神宮はもともと神の宮殿の意味だが、現在では、皇室に関係する神社が神宮と称される。内宮は皇大神宮、外宮は豊受大神宮と呼ばれる。天照大御神を祀るのが内宮で、外宮では豊受大御神が祀られている。

　天照大御神が皇祖神であるならば、本来、朝廷のある場所で祀られるべきである。実際、『日本書紀』では、現在は奈良の大和神社に祀られている倭大国魂命とともに宮中に祀られていたとされる。ところが、疫病が流行したりして国内が不穏な状勢となった。天皇は、二つの神を宮中で祀っていることが原因ではないかと考え、二つの神を別の場所に移した。

式年遷宮とは
伊勢神宮では、20年に一度、内宮および外宮の社殿のみならず、御神宝や御装束などの調度品に至るまでが一新される。天武天皇のご発意で、持統天皇によって始められたと伝わるこの式年遷宮には、神宮が20年に一度若返るという「常若（とこわか）」の精神が込められている。

◆ 倭姫命の巡幸

　宮中にあった天照大御神が倭大国魂命とは離され、別の場所に祀られることになったとき、最初にその役割を託されたのは崇神天皇の皇女だった豊鍬入姫命だった。姫は、天照大御神を大和の笠縫邑に祀った。

　ところが、それでは神は鎮まらなかったようで、祀る役割は垂仁天皇の皇女、倭姫命に託された。姫は大和から伊賀、近江、美濃、尾張の各国を転々とし、最終的に伊勢にたどり着く。神が伊勢を大いに気に入ったからである。

豊受大神宮（外宮）
伊勢市の中心部に鎮まる伊勢神宮外宮の正宮。衣食住や産業の守り神として崇敬を集めている。

🔶 食事を司る神

　伊勢神宮の外宮に祀られているのは豊受大御神である。豊受大御神は内宮に祀られた天照大御神に食事を供する役割を負っている。外宮が創建された由来は記紀神話には記されていない。外宮の社伝である『止由気宮儀式帳（とゆけぐう）』には、雄略天皇の夢に天照大神が現れて託宣を下したとある。自分一人では食事もままならないので、丹波国の豊受大御神を呼び寄せてほしいというのだ。この由来からは、豊受大御神は天照大御神に仕える立場ということになるが、社家の度会（わたらい）氏が唱えた伊勢神道では、豊受大御神は原初の神である天之御中主神（あめのみなかぬしのかみ）や国常立神（くにとこたちのかみ）と同格とされた。

籠神社（この）
京都府宮津市に鎮座。もう一つの伊勢神宮である豊受大神宮（外宮）の元の鎮座地とされることから「元伊勢」とも呼ばれる。

◆ 神の島の祭祀遺跡

福岡県宗像市にある宗像大社は、古くからある有力な神社で、宗像三女神(田心姫神、湍津姫神、市杵島姫神)を祭神とする。宗像三女神は、天照大神と弟の須佐之男命が相対した「誓約」の場面で生まれた神である。その宗像大社の沖津宮があるのが玄界灘の孤島沖ノ島である。

沖ノ島は島自体が神体とされ、立ち入りが厳しく制限されている。島内には多くの巨大な磐座があり、そこでは大規模な国家祭祀が営まれていた。

祭祀で用いられた土器や石器、馬具やガラス器は貴重なものであり、それを惜しげもなく用いることができたのは、大和朝廷以外には考えられない。国家祭祀がそこで営まれていたのである。

要衝の地に祀られた三女神

宗像三女神は、九州と対馬、そして朝鮮半島を結ぶ3つの要衝の地に航海の守護神として祀られている。なかでも、玄界灘沖の九州と対馬のちょうど中間点に浮かぶ沖ノ島は、古代より航路の道標とされてきた。

沖ノ島
沖ノ島には数々の古代の祭祀遺跡が残されていることから「海の正倉院」と呼ばれる。島の中腹には田心姫神を祀る沖津宮がある。2016年1月には「宗像・沖ノ島と関連遺産群」として世界遺産に登録された。

辺津宮
本殿・拝殿は国の重要文化財に指定されている。市杵島姫神を祀る本殿は天正6年（1578）に大宮司の宗像氏貞が再建。

中津宮
宗像市の神湊よりフェリーで約25分の大島に鎮座。本殿は永禄9年（1566）の再建で、湍津姫神を祀る。

◆ 天皇家を助ける航海の神

　宗像三女神は、天照大神と須佐之男命の誓約（うけい）の場面で生まれた神とされるが、天照大神は三女神に対して、代々の天皇を守護するよう命じた。

　ただ、海を隔てて鎮座する宗像大社に祀られていることもあり、航海の安全を司る神として信仰されている。宗像三女神を祀る神社としてもう一つ有名なのが安芸の宮島、嚴島神社である。ほかにも、宗像三女神を祀る神社は全国にあり、宗像三女神のうち一柱の神だけを祀っているところもある。

◆ 大陸への玄関口に鎮まる海の神々

 志賀海神社のある志賀島は、「金印(漢委奴国王印)」が出土したことで知られる。金印については『後漢書』に記載があり、大陸からもたらされたものである。いかにこの島が大陸と深い関係にあったかを物語る。

 志賀海神社の祭神は綿津見三神で、仲津綿津見神、底津綿津見神、表津綿津見神から構成されている。記紀神話では、国生みの際に、住吉大社の祭神、住吉三神とともに生まれたとされる。

 綿津見三神を祀ったのは、安曇(阿曇)氏という海人族を統括する氏族である。安曇氏は、九州から東の海岸沿いに広がっており、交易を司り、朝鮮半島や中国とも交易をしたと考えられる。

安曇氏と志賀海神社

古代、海上交通の要衝であった志賀島一帯はかつて安曇氏の本拠地で、その中心が志賀海神社だったと考えられている。かつて安曇氏は朝廷に仕え、各地の海人を支配していたという。現在に至るまで社家の阿曇家が神社を代々守り伝えている。

志賀海神社。海上交通の神として朝廷からも崇敬されてきた。
写真提供：福岡市

住吉神社

住吉の神を祀る神社は全国に2000以上あるが、その最初の神社と伝わる。現在の社殿は元和9年（1623）に黒田長政が寄進した。

「神功皇后 児童教育」（国立国会図書館蔵）より、磯の童（磯良）を誘い出す住吉の神。住吉の神は磯良を竜宮より誘い出し、神功皇后の三韓征伐を成功に導いたとの伝承がある。

◆ 全国に鎮まる住吉の神

　住吉神社は住吉三神を祀る神社で、全国に広がっている。その元締めとなるのは大阪の住吉大社とされるが、もう一つ、博多市の住吉神社も、住吉の信仰はここにはじまると主張している。

　住吉三神は、底筒男命（そこつつのおのかみ）、中筒男命（なかつつのおのかみ）、表筒男命（うわつつのおのかみ）からなる。記紀神話においては、黄泉（よみ）の国から戻った伊邪那岐命（いざなぎのみこと）が禊（みそぎ）をしたときに、綿津見三神とともに生まれたとされ、同様に海の神と見なされているが、「三韓征伐」で知られる神功皇后（じんぐう）もあわせて祀られており、朝鮮半島での戦いとも密接に関係している。

◆ 東国に鎮まる神話の神々

　記紀神話には、大国主命（あるいは大己貴神）が、天照大神の命令に従って、使いの武甕槌大神などに対して、自らが支配していた出雲国を譲り渡す話が出てくる。これによって、大国主命は出雲大社に隠遁するようになったとされる。

　出雲国については、『出雲国風土記』が伝来しており、そこでは大国主命は出雲国を創造した神とされる。一方で、国譲りの話はまったく出てこない。大和朝廷と出雲国とでは解釈がまるで違うのである。興味深いのは、国譲りのために派遣された武甕槌大神と経津主神がともに東国の鹿島神宮と香取神宮に祀られていることである。

経津主神
『神佛図會』（国立国会図書館蔵）より經津主尊（経津主神）の絵図。香取神宮の御祭神で刀剣を神格化した神とされる。

香取神宮
千葉県香取市に鎮座する下総国一宮。拝殿（写真）の奥に建つ本殿（重文）は元禄13年（1700）の再建で徳川5代将軍綱吉の寄進。

出雲国の国譲りに際して、天照大神から遣わされる武甕槌大神は常陸国の鹿島神宮の祭神であり、経津主神は下総国の香取神宮の祭神である。そして、摂関家として政治を支配した藤原氏の氏神、春日大社では、第一殿に武甕槌命（建御雷神）が、第二殿に経津主命が祀られている。さらに、出雲大社の本殿でも、経津主神と同一神とも、別の神ともされる和加布都努志命（若経津主命）が祀られている。

　なぜそうした事態が起こったのか、理由は分かっていない。そこには、古代の神々をめぐる謎が潜んでいる。

武甕槌大神
『神佛図會』（国立国会図書館蔵）より武甕槌尊（武甕槌大神）の絵図。鹿島神宮の御祭神で、雷神、剣神、武神とされる。

鹿島神宮
茨城県鹿嶋市に鎮座する常陸国一宮。社伝によると、創建は神武天皇即位の年に遡るという。写真は本殿（重要文化財）から桜門（写真）を潜って奥宮へと続く奥参道。

鹿島神宮の奥宮（摂社）。現在の社殿は徳川家康が関ヶ原戦勝の御礼に奉納したもの。武甕槌大神の荒魂（あらみたま）を祀る。

◆ 内陸で出会った狩猟民と農耕民

長野県諏訪市にある諏訪大社は、7年に1度行われる「御柱祭」で名高い。勇壮な「木落し」は、その中でも最大の見せ場として知られ、毎回多くの人々が参加している。

諏訪大社は4社からなる。その中心、上社本宮の祭神は建御名方神である。建御名方神は出雲国の国譲りの際、建御雷神と力くらべをして負け、そのまま諏訪湖に逃げたといわれている。正体はミシャクジともされ、それは蛇神である。

諏訪大社の祭には、鹿の頭部を捧げる御頭祭などの狩猟に関するもの、その年の農産物の出来を占う筒粥神事があり、狩猟民と農耕民両者の信仰が混じり合っている。

建御名方神
『神佛図會』(国立国会図書館蔵) より建御名方尊の絵図。諏訪大社の御祭神で、大国主命の御子神とされる。

御柱祭
正式名称は式年造営御柱大祭 (みはしらたいさい)。7年に一度、寅年と申年に行われる。最大の見せ場である「木落し」(写真) は特に有名。

重さ約10tの御柱が、距離約100mの「木落し坂」を一気に滑り落ちる。

諏訪大社（上社本宮）
信濃国一宮の諏訪大社は、上社2社（本宮・前宮）と下社2社（秋宮・春宮）の4社からなる。諏訪造の幣拝殿。

◆ 現人神とされた大祝（おおほうり）・諏訪氏

　諏訪大社には、かつて「大祝」という存在があった。これは、明治になって廃止されたが、諏訪氏から代々選ばれてきた。

　諏訪大社のことについて語った中世の史料では、大祝は、祭神の建御名方神が8歳の子どもに憑依したことにはじまるとされている。

　代々の大祝の住居は神殿と呼ばれ、大祝が神として信仰の対象になっていたことが示されている。

境内には日本一大きいとされる青銅製の狛犬がある。

諏訪大社（下社秋宮）
下社秋宮は諏訪湖の北岸に鎮座。幣拝殿、神楽殿（写真）は重文。

天孫降臨と日向三代

◆ 複数説ある天孫降臨の地

記紀神話には天孫降臨の話が出てくる。これは、天照大神の命を受けて瓊瓊杵尊が天降り、葦原中国を治めるようになったという物語で、その場所については「高千穂」と記されている。

高千穂がどこかについては二つの説がある。一つは宮崎県の高千穂町とするもので、もう一つは鹿児島県の霧島連山の高千穂峰とするものである。

しかし、どちらが正統というわけではなく、往古より伝わる信仰を互いに尊重し合っている。

瓊瓊杵尊からはじまる三代の神々を「日向三代」と呼んでいる。日向は宮崎県のかつての国名である。

『日本建国物語』(国立国会図書館蔵)より「天孫降臨」。瓊瓊杵尊は、天児屋命、布刀玉命、天宇受売命ら五柱の神(五伴緒神)を従えて高千穂峰に降臨したと伝わる。

天宇受売命…五伴緒神の一柱で、天孫降臨の途中で猿田彦神と問答をして道案内をさせた。日本最古の踊り子ともされ、芸能の女神として信仰される。

霧島神宮

天孫降臨の地、高千穂峰がある霧島山を仰ぐ古社。かつては高千穂峰と御鉢（噴火口）の間の脊門丘（せとお）に鎮座していた。天孫降臨の伝承を伝える社として、明治には官幣大社に列格。ついで神宮となった。日向三代は霧島神宮のご祭神から始まる。

高千穂神社

『日向国風土記』に天孫降臨の地と記された高千穂郷の総社。平安時代の『日本三代実録』『続日本後記』に高千穂皇神（すめがみ）という神名で記載されている古い歴史を持つ。

導きの神・猿田彦神

天孫降臨の際、瓊瓊杵尊らを導いたのが伊勢の土着神であった猿田彦神（さるたひこのかみ）で、現在も三重県の椿大神社や猿田彦神社などに祀られている。このエピソードから猿田彦神は「みちひらき」の神として信仰され、やがて境の神、道の神である道祖神（塞の神）と同一視されるようになった。

鼻の長い怪異な容貌から天狗とも同一視されてきた。

『神佛図會』（国立国会図書館蔵）より猿田彦尊の絵図。天孫降臨の後、天宇受売命に送られて伊勢に鎮まったと伝わる。

◆ 海幸山幸と鵜葺草葺不合命

記紀神話には海幸彦と山幸彦の話が出てくる。山幸彦は持っていた弓矢を兄の海幸彦の釣り針と交換するが、それを海でなくしてしまう。そこで海中にある海神の宮に探しに行き、そこで豊玉姫と結ばれ、3年して一緒に故郷へ戻る。これは浦島太郎の物語の原型で、海神の宮こそが竜宮城である。

豊玉姫が出産する際、山幸彦にその姿を見てはならないと申しつける。しかし、山幸彦は見てしまい、姫が龍であったことを知る。恥じた姫は海に去ってしまうが、残された子どもである鵜葺草葺不合命は、後に豊玉姫の妹である玉依姫と結ばれ、二人の間には初代の天皇となる神武天皇が生まれた。神話が歴史へと発展していくきっかけとなる物語である。

邇邇芸命の妃神・木花之佐久夜毘売命

邇邇芸命の妃神で、海幸山幸の母神である木花之佐久夜毘売命は、山の神である大山津見神の娘とされる。邇邇芸命に浮気を疑われた際、木花之佐久夜毘売は産屋に火を放って御子を産み、身の潔白を証明したという。また、木花之佐久夜毘売は富士山の神霊として崇められ、各地の浅間神社で祀られている。

『神佛図會』（国立国会図書館蔵）より木花開耶姫尊（木花之佐久夜毘売命）。別名、神吾田津姫（かみあたつひめ）、鹿葦津姫（かあしつひめ）とも呼ばれる。

鹿児島神宮

鹿児島県霧島市の高千穂宮跡と伝わる地に鎮座。神代の創祀と伝わる大隅国一宮。 御祭神は山幸彦こと彦火火出見尊と豊玉比売命。

青島は国の特別天然記念物「青島亜熱帯性植物群落」に覆われている。

青島神社

山幸彦の宮居跡と伝わる宮崎県宮崎市の青島に鎮座。島は「鬼の洗濯岩」と呼ばれる奇岩に囲まれている。

鵜戸神宮

鵜葺草葺不合命が産まれた産屋跡と伝わる宮崎県日南市の宮浦に鎮座。崇神天皇の御代の創建と伝わる。本殿に至る参道は珍しい下り参道で、「日本三大下り宮」の一つとされる。

神社の主な本殿様式①

　弥生式土器には、高床式の建物の絵を描いたものがある。それは、伊勢神宮の社殿と似ている。神社の社殿は、高床式の建物から発展したものである可能性が考えられる。建築物としての特徴は屋根にある千木や鰹木などで、そこで仏教関係の建築物とは異なる。神社建築にはさまざまな様式があり、主なものとしては、出雲大社の「大社造」、伊勢神宮の「神明造」、住吉大社の「住吉造」などがある。

大社造（たいしゃづくり）
出雲大社に代表される本殿様式で、古代宮殿の様式を伝えるものともいわれる。

― 妻入りの形式で、屋根は切妻造。

― 社殿内部の中央に「心御柱」という太い柱があるため入口は中央ではなく左右どちらかにある。

神魂神社（島根県松江市）の本殿（写真）は、現存する日本最古の大社造。ほかに須佐神社（島根県出雲市）の本殿が有名で、大社造を2つ繋げた美保神社（島根県松江市）の美保造もある。

※妻…建物の棟と直角の両側面のこと。一般には切妻造や入母屋造の屋根の側面にあたる三角形の部分を指すことが多い。

40　神道と神社の発祥

神明造 (しんめいづくり)

伊勢神宮(内宮・外宮)に代表される本殿様式で、伊勢神宮のものは一般のものと区別して「唯一神明造」と呼ばれる。

棟持ち柱は装飾用で屋根を支えているわけではない。

弥生時代の高床式倉庫が起源とされる。

籠(この)神社(京都府宮津市)の本殿。本殿の高欄に五色の座玉があるのは、伊勢神宮と同社のみ。ほかに仁科神明宮(長野県大町市)や熱田神宮(かつては尾張造)のものが有名。

住吉造 (すみよしづくり)

住吉大社に代表される本殿様式。天皇陛下の大嘗祭(だいじょうさい)で造営される「大嘗宮」という神殿と似た構造を持つ古い建築様式。

屋根は切妻造で反りがなく、妻入り。

内部は外陣と内陣の二間に分かれている。

住吉大社(大阪府大阪市)の住吉造の本殿。三殿画列・二殿並列の独特の配列で、船団を模したものともいわれる。ほかに住吉神社(福岡県福岡市)のものが有名。

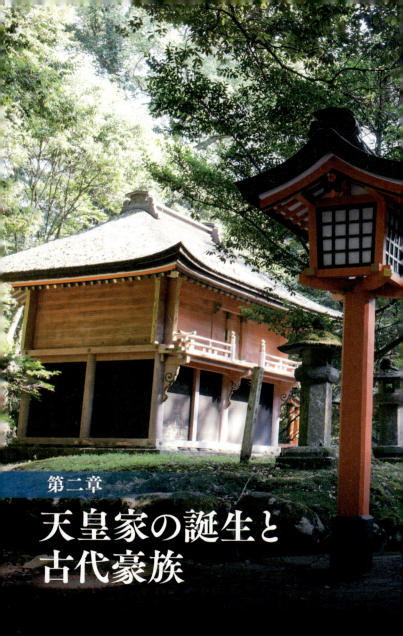

第二章

天皇家の誕生と古代豪族

宇佐神宮の下宮（御炊宮）
…弘仁年間（810～824）に嵯峨天皇の勅願によって創建された。

初代神武天皇が即位し、やがて大和王権が誕生する。『古事記』『日本書紀』などの神話には、統一王朝形成の過程で倭建命など数多くの英雄たちの活躍が記されており、その足跡は今も各地に残されている。

Outline ▶ 神社と神道の歴史②

古代②（人代）

◆ 神代から人代へ

　世界の民族には、それぞれ固有の神話が伝えられている。日本の場合には、『古事記』と『日本書紀』といった記紀神話にそれがつづられている。神話には歴史的な事実が反映しているとも解釈できるが、歴史そのものではないことも事実である。

　日向三代を経て、神倭伊波礼毘古命が東征し、神武天皇として即位することで、神代から人代へと物語が展開していく。神々の物語は神話そのものだが、天皇は人間であり、その歩みから日本の歴史がはじまると見ることもできる。ただ、そこには、記紀神話を編纂した時代の政治的な権力のあり方などが反映されており、どこまでを歴史的な事実としてとらえていいかは相当に難しい。

神武東征の足跡

金鵄(きんし)…神武天皇が長髄彦と戦ったとき、弓の先に止まり味方を勝利に導いたという金色のトビ。

『少年日本歴史読本 第四編』(国立国会図書館蔵)より神武天皇の挿絵。神武東征の際、敵の長髄彦の軍は金鵄の光に目がくらみ降参したと伝わる。

◆ 大和政権の成立と神道

　記紀神話は神々の物語であり、その点では日本土着の宗教である神道のはじまりをつづったものと見ることもできる。事実、日本各地に存在する神社では、記紀神話に登場する神々を祭神として祀っていることが少なくない。

　そうなると、記紀神話の語る大和政権の成立によって神道という宗教が生まれたという解釈も可能だ。だが、記紀神話につづられたことがそのまま歴史的な事実であるわけではなく、日本人がどのようにして神々を祀るようになったのかについては、神話だけから見ていくわけにはいかない。

　古代の神道の信仰のあり方は、考古学的な発掘などによっても知ることができる。古代の日本人は磐座や神体山を信仰の対象とし、そこで祭祀を営んでいた。それが神話で語られていることとどう結びつくのか。そこが大きな問題である。

神武東征にまつわる神社

◆ 南九州と天皇家

『日本書紀』に書かれたことに従うならば、初代の天皇である神武天皇は紀元前711年に生まれたことになる。現在の時代区分では縄文時代にあたる。考古学の発掘では、その時代に王権が成立した明確な証拠は発見されていない。

神武天皇の誕生したところは南九州とされる。そこから天皇は東に向かい、各地を平定していく。それは「神武東征」と呼ばれる。となれば、天皇家の誕生は南九州からということになるが、それが実際の歴史を反映したものかについては論争がある。そこには邪馬台国のことも関係し、九州説と畿内説のどちらが正しいかについての論争は現在も続いている。

狭野(さの)神社
第5代孝昭天皇の御代に神武天皇の降誕の地に創建されたと伝わる。社名は神武天皇の幼名、狭野尊(さののみこと)にちなむ。宮崎県高原町に鎮座。

宮崎神宮
神武天皇の孫にあたる健磐龍命(阿蘇神宮の御祭神)が、祖父の御遺徳をしのび祀ったのがはじまりと伝わる。宮崎県宮崎市に鎮座。

生國魂神社(いくたま)

神武天皇が難波津に到着された際、石山碕(現在の大阪城を含む一帯)に日本列島の御霊である生島大神と足島大神を祀られたのが創祀と伝わる。

本殿は生國魂造というほかに類を見ない建築様式。

丹生川上神社(中社)

水一切を司る雨師の神様で水利の神でもある罔象女神(みずはのめのかみ)を祀る。神武天皇は長髄彦との戦いの前に、高倉山で夢訓を得て、丹生川上に陟(のぼ)りて天神地祇を祭祀したといわれている。

◆ 神武東征の足跡①

　初代の天皇とされる神武天皇が南九州の日向を立ち、瀬戸内海を経て畿内に入り、最終的に大和の地を和合し、橿原宮で即位するまでの過程が神武東征である。そのあいだには、天皇が各地で戦いをくり広げたことがつづられている。具体的な戦いとしては、孔舎衛坂(くさえざか)の戦い、名草の戦い、国見丘の戦い、伊那佐山の戦い、青垣山麓での戦いなどがあった。

　とくに激しい戦いとなったのが、河内の国での孔舎衛坂の戦いで、戦いの相手となったのは長髄彦(ながすねひこ)の軍勢だった。この戦いにおいて、神武天皇の長兄とされる五瀬命(いつせのみこと)は矢にあたり、命を落とされてしまう。結局、神武天皇の軍勢は、長髄彦を倒すことができず、紀伊半島を迂回するしかなくなる。そこには、畿内を治める勢力を平定することがいかに難しいものであったかが示されていると見ることもできる。

◆ 神武東征の足跡②

　神武天皇の軍勢は、孔舎衛坂の戦いに敗れてしまい、紀伊半島に迂回することになる。一行は船で移動するが、暴風にあい、それを鎮めるために天皇の兄の稲飯命が自らの命を犠牲にして海に飛び込む。いわゆる「人柱」である。

　それによって、神武天皇の軍勢は熊野の地に降り立ち、さらに先へと進むことができるようになる。ところが、大きな熊が現れ、霊気によって皆が気を失うという出来事が起こる。それを救ったのが地元の高倉下で、夢で天照大神と高木神（高御産巣日神）から託宣を受けて太刀をもたらし、一行を窮地から救う。この太刀は石上神宮に祀られているとされる。

　さらに、高木神から遣わされた八咫烏に案内され、天皇の一行は吉野を経て大和の国の宇陀に至る。いよいよ目的とする大和の国へ入ることができたのである。

もう一つの天孫降臨伝承

神武天皇の御代の創建と伝わる石切劔箭神社の御祭神は、先に紹介した磐船神社と同じ饒速日尊で、邇邇芸命の兄とされる。『先代旧事本紀』によると、饒速日尊は高天原から降臨する際、天津神の御子であることを証明する十種神寶を授かったという。

「いしきりさん」の通称で知られる石切劔箭神社。東大阪市に鎮座。

『皇国紀元二千六百年史』（国立国会図書館蔵）より神武天皇即位の大礼。即位後、神武天皇は大和の鳥見山に皇祖神を祀った。これが大嘗祭、新嘗祭の起源ともいわれている。

◆ 大和平定

　大和に入った神武天皇の軍勢は、そこでも地元の勢力と激しい戦いをくり広げることになる。そのなかには、一度戦いで敗れた長髄彦も含まれていた。ただ、金色の光を放つ鵄（とび）が飛来し、長髄彦はその光に目がくらみ、戦わずして敗れ去る。これによって橿原の宮での即位がかなうこととなった。

　神武天皇の東征は、九州にいた勢力が畿内に侵攻し、その地の勢力を平定した物語として見ることができる。しかし、そこに事実が反映されているかについて研究者の見解は分かれていて、論争には決着がついていない。神武天皇については、歴史上の存在ではなく、架空の存在であるという説が有力である。ただ、こうした神話は、私たちの想像力を強く刺激する。いったい日本の国はどのようにして生まれてきたのか。それを考えるよすがとして神話はやはり重要である。

古代の英雄・豪族たちと神社

◆ 崇神天皇の王権確立

　崇神天皇は第10代の天皇とされる。初代の神武天皇が架空の存在であることは明らかだが、どの天皇から実在したと言えるのか、研究者の間では議論が今も続いている。崇神天皇の場合、『日本書紀』では、「御肇國天皇（はつくにしらすすめらみこと）」と神武天皇と同じ名で呼ばれており、日本の最初の統治者であるとも考えられる。実際、在世していたときに行ったこととしては、磯城瑞籬宮に遷都したこと、四道将軍を各地に派遣して夷狄を平定させたこと、戸口を調査し課役を科したこと、任那国から朝貢を受けたことなどがあげられている。崇神天皇は、御肇國天皇という名に恥じない多くの業績をあげたように描かれている。

吉備津神社
孝霊天皇の御子で四道将軍のひとり、大吉備津彦命を祀る備中国一宮。大吉備津彦命は桃太郎のモデルとも言われている。

本殿…応永32年(1425)に再建された本殿は国宝。全長360mに及ぶ廻廊も有名。

古四王神社(こしおう)
崇神天皇から北方遠征を命じられた四道将軍のひとり、大彦命が北辺鎮護の神として武甕槌命を祀ったと伝わる。秋田市に鎮座。

　崇神天皇が行ったことのなかには、神々への信仰と深くかかわることも含まれる。『日本書紀』によれば、崇神天皇5年(紀元前93)に疫病が流行り、多くの人間が亡くなった。その際に、これは、宮中で天照大神と倭大国魂という二つの神を同時に祀っているのが原因であるとされ、二つの神を宮中から離して祀ることになった。天照大神が伊勢に祀られるようになった経緯についてはすでに述べたが、倭大国魂については、いったん渟名城入姫命(ぬなきいりびめのみこと)に預けられたものの、姫はこの神をうまく祀ることができなかった。その後、倭迹迹日百襲姫命(やまとととひももそひめのみこと)などの夢にこの神が現れ、大田田根子(おおたたねこ)という人物に自らを祀らせるよう託宣が下った。これによって、倭大国魂は現在の大和神社(おおやまと)に祀られることとなった。倭大国魂神は、大和国の地主神ともされるが、大国主神の荒魂であるという説もある。

◆ 倭建命の伝承

　神話のなかでもっとも重要なものは、世界の創造について語る「創世神話」だが、もう一つ重要な神話のジャンルとしては「英雄神話」がある。これは、神としての性格をあわせ持つ英雄が多くの敵をなぎ倒し、各地を平定していく物語である。最後、英雄は悲劇的な死をとげることが多い。

　日本の英雄神話の代表が倭建命の物語である。英雄には荒ぶる性格が不可欠だが、小碓命と呼ばれていた若き時代には、父である景行天皇の寵愛する姫を奪った兄の大碓命を残虐な方法で殺してしまった。これは、父のためにとった行動でもあるわけだが、景行天皇は、倭建命を恐れるようになる。近くに置いておいては危険と判断し、日本各地に彼を派遣することになる。最初、倭建命に命じられたのは、九州にあった熊襲建兄弟の討伐であった。

『少年日本歴史読本 第五編』（国立国会図書館蔵）より倭建命の挿絵。倭建命は熊襲と出雲を討った後、東征へと向かった。

草薙剣…倭建命が野火攻めに遭った際、叔母の倭姫命から授かった天叢雲剣（あめのむらくものつるぎ）で草を薙ぎ払って難を逃れたことから草薙剣と名付けられたという。

走水神社
御祭神は日本武尊(倭建命)とその御后・弟橘媛命。倭建命は船で上総に出発する前、走水に御所を建てたと伝わる。神奈川県横須賀市に鎮座。

酒折宮(さかおりのみや)
東征の帰りにこの地に立ち寄った倭建命が、塩海足尼に授けたという火打囊を御神体として祀ったのが起源と伝わる。山梨県甲府市に鎮座。

　九州に赴いた倭建命は、伊勢で斎王をつとめていた叔母からもらった女性の衣装を身につけ、熊襲建家(くまそたける)の宴にまんまとしのびこむことに成功し、兄弟を切り捨ててしまう。知力と武力が一体化していることが倭建命の本質であり、その後、出雲国へ向かうと、そこでもいったん親交を結んだ出雲建(いずもたける)を切り殺してしまう。こうして、倭建命は西方の蛮族をことごとく征服し、父天皇のもとへ戻るが、すぐに東方の蛮族の征服を命じられる。

　東方での戦いでは、火攻めにあったり、船で航行中に大波にあったりと、数々の苦難に直面する。それでも倭建命は蛮族を退けて東国を征服するが、伊吹山で地元の神そのものである白い大猪に襲われ、それがもとで病に陥る。病身で大和に戻るが、ついには英雄にふさわしい悲劇的な死をとげた。

◆ 熱田神宮と倭建命

　天孫降臨に際して、天照大神が邇邇芸命に授けた鏡と玉と剣は、天皇が代々継承してきた「三種の神器」とされ、それは、八咫鏡、八尺瓊勾玉、そして草薙神剣から構成されているとされてきた。八咫鏡は伊勢神宮の神体で、八尺瓊勾玉と草薙神剣の形代は宮中で天皇の身近に置かれてきた。草薙剣の本体は、名古屋の熱田神宮の本宮に祀られている。

　草薙神剣は、もともと須佐之男命が高天原から出雲におもむいて八俣大蛇と戦ったとき、断ち切った尾のなかから出てきたとされる。

　その後、草薙神剣は伊勢神宮で祀られていたが、景行天皇の時代、倭姫命から東国を討伐にむかう倭建命に与えられた。火攻めにあった倭建命は、草薙神剣で草をなぎ払うことで窮地を脱し東国を平定。東征の後、尾張国で妃とした宮簀媛のもとに剣を置いたまま伊吹山での戦いにおもむき亡くなってしまう。その後、媛は熱田神宮に草薙神剣を祀ったとされる。

『尾張名所図会』（国立国会図書館蔵）より「日本武尊宮簀媛と一別の時形見に寶劔を授けたまふ圖」。

熱田神宮
草薙剣を御神体とする熱田大神を主祭神とし、境内外には本宮・別宮ほか43社を祀る。愛知県名古屋市に鎮座。

◆ 大和政権と豪族たち

　日本の古代社会には多くの「豪族」が存在した。豪族は主に日本だけで用いられる用語で、他の社会なら「部族（氏族）」ということばが使われる。豪族は、天皇家の権威が確立する前、各地で権力をふるっていた一族のことをさす。天皇家の権威が確立されると、豪族よりも貴族や公家といったことばが使われるようになる。

　基本的に豪族が存在したのは飛鳥時代までで、代表的な豪族としては、大伴氏や物部氏をはじめ、葛城氏、蘇我氏、賀茂氏、安曇氏、和気氏、中臣氏、守部氏、佐伯氏、紀氏、出雲氏、忌部氏、三輪氏、賀茂氏、秦氏、百済氏、土師氏などがあげられる。ほかにも豪族は存在した。天皇家も、もともとはこうした豪族の一つであったと考えられるが、豪族を従えること

石上神宮（いそのかみ）
古代に大和朝廷の軍事を司った豪族、物部氏の総氏神で、神武東征神話に登場する霊剣を祀る。奈良県天理市に鎮座。

五雲亭貞秀画『京都下加茂糺（ただす）の森勝景』（国立国会図書館蔵）。下鴨神社（賀茂御祖神社）の糺の森は、太古の自然を今に残している。

でその権威を確立していった。

　古代史のなかで、とくに有力な豪族として取り上げられることが多いのが蘇我氏である。拠点は大和の葛城で、日本に仏教が伝えられた際には、排仏派の物部氏と対立したともされる。蘇我馬子は、聖徳太子とともに政治を担った。賀茂氏も有力な豪族で、賀茂社には、伊勢神宮のように内親王がそれをつとめる斎院がおかれた。

日前(ひのくま)神宮・國懸(くにかかす)神宮
紀氏の流れを汲む紀伊国造家が奉斎してきた紀伊国一宮。同一境内に二つの神社があり、ともに天岩戸神話に由来する宝鏡を御神体とする。和歌山市に鎮座。

山の辺の道と葛城古道

奈良市から桜井市へと至る山の辺の道は日本最古の自然道の一つで、石上神宮から大神神社へ至る道は今も古代の雰囲気を残している。一方、葛城古道は葛城連山の東麓を走る古道で、道沿いにはかつて葛城を拠点として古代豪族の葛城氏や賀茂（鴨）氏ゆかりの古社が多数鎮まっている。

山の辺の道（写真上）と葛城古道（写真下）。

◆ 古代豪族にまつわる各地の神社

　古代の豪族のなかには、都があった地域に住んでいた中央豪族とともに、それぞれの地方を支配していた地方豪族があった。現在、それぞれの地方にある有力な神社のなかには、地方豪族に由来するところが少なくない。

　熊本県阿蘇市にある阿蘇神社は、肥後国一宮で、代々阿蘇氏が宮司をつとめ、現在でもその体制は変わっていない。祭神としては十二柱の神が祀られているが、その中心となる健磐龍命は阿蘇都彦命とも言われ、阿蘇氏は健磐龍命の子である速瓶玉命を祖としている。

　土佐国一宮の土佐神社は、味鋤高彦根神と一言主神を祭神とするが、この二柱の神は、中央豪族の賀茂氏によって大和葛城で祀られていたものとされる。賀茂氏と同族の人間が土佐の国造に任命されたことで土佐神社が誕生したとされる。

阿蘇山
阿蘇神社は、古くから火山信仰とかかわりが深い。阿蘇市の阿蘇神社は全国にある阿蘇神社の総本社で、主祭神の健磐龍命は阿蘇開拓の神とされる。

阿蘇山（写真）の火口は同社の奥宮とされる。

入蜻蛉造と呼ばれる独特の様式の社殿（重文）は元亀元年（1570）の造営。

土佐神社
雄略天皇の御代の創建と伝わる古社。高知県高知市に鎮座。

穂高神社

日本アルプスの総鎮守、交通安全、産業安全の守り神として広く崇敬されてきた古社。諏訪大社、生島足島神社とあわせて信濃三社と呼ばれる。

安房神社

神武天皇の御代、天太玉命の子孫である天富命が安房郡を開拓し、祖神を祀ったのが起源と伝わる。その昔、「浜降神事」と呼ばれる神事を行っていた。

　安房国一宮である安房神社は、千葉県館山市にある。祭神は天太玉命で、この神は忌部氏の祖神とされる。忌部氏は、斎部氏とも呼ばれるが、その名が示すように、祭祀を担うことを役割としていた。本貫の地は大和国高市郡金橋村忌部だが、忌部氏は各地に散り、阿波国にも移り、そこで天太玉命を祀った。その後忌部氏は安房国に移り、安房神社が創建された。

　穂高神社は、長野県安曇野市にあるが、そこは里宮で、上高地に奥宮が、そして奥穂高岳に嶺宮が祀られている。祭神の穂高見命は海神族の祖神だが、その後裔が安曇族となる。安曇族は海人の一族で北九州を拠点としていたが、本州中央の山岳地域一体に広がることとなった。そこにもいわれがありそうだが、確かなことは分からない。

神功皇后・応神天皇にまつわる神社

◆ 神功皇后の伝承

神功皇后は、第14代仲哀天皇の妻で、第15応神天皇の母である。皇后という存在が歴史の表舞台に登場することはそれほど多くはないが、仲哀天皇が急死した後、神功皇后が長きにわたって政治を司っていた。実際、大正時代になるまで神功皇后は天皇と見なされていた。

仲哀天皇は、神功皇后とともに熊曾(襲)を討つため、福岡市の香椎宮にいた。そのとき、皇后は神憑りして西の方に豊かな国があるので、そこを攻めるよう指示を下す。天皇がこの指示に従わなかったため、天皇は命を落とす。それは天照大神の意思によるものとされた。

その後、神功皇后は、夫に代わって朝鮮半島を攻めるが、それは「三韓征伐」と呼ばれる。その際、応神天皇は神功皇后の胎中にあったため、応神天皇は「胎中天皇」とも呼ばれる。帰国した皇后は、69年にわたって摂政をつとめた。

『三韓平治往来』(国立国会図書館蔵)

神功皇后…三韓を平治したのち、神功皇后は筑紫で応神天皇を産んだ。

たけのうちのすくね
武内宿禰…孝元天皇の子孫で、日本最初の大臣とされる。三韓征伐に従軍し、景行、成務、仲哀、応神、仁徳の天皇に仕えたという。

氣比神宮(けひ)
文武天皇の御代の創建と伝わる古社で、主祭神の伊奢沙別命は、太子(後の応神天皇)と名を交換したとの伝承がある。

香椎宮(かしいぐう)
熊襲征討中に仲哀天皇が崩御したため、この地に廟を設けて祀ったのが起源とされる。主祭神は仲哀天皇と神功皇后。福岡市に鎮座。

住吉大社
三韓征伐から帰還後、神功皇后が神助に感謝し創祀したとされ、その後、神功皇后も併祀された。全国の住吉神社の総本社にして摂津国一宮。

　神功皇后を祭神の一柱として祀っているのが福井県敦賀市に鎮座する越前国一宮の氣比神宮である。神功皇后は仲哀天皇とともに、氣比神宮の中心となる祭神の伊奢沙別命(いざさわけのみこと)(氣比大神(けのおお)(かみ))に対して三韓征伐の成功を祈念したとされる。もう一つ、神功皇后を祭神の一柱とするのが大阪の住吉大社である。皇后の三韓征伐は住吉神の託宣によるとされる。

◆ 応神天皇と八幡神

　宇佐神宮に祀られている八幡神とは、第15代応神天皇の御神霊である。三之御殿に祀られている母、神功皇后が三韓征伐に赴いたときには、応神天皇はその胎中にあったとされる。

　八幡神は、大陸の文化や産業を輸入して新しい国づくりを進められた。英明にして神徳も高く、皇室では伊勢の神宮に次ぐ第二の皇祖神の神社として崇敬される。特に、奈良の東大寺大仏建立のときにはその事業を助けるために上京した。宇佐から勧請された石清水八幡宮は、平安京の裏鬼門を守る。また、王城鎮護の神として篤く信仰され、さらに武家の神として広範な信仰を集めた。

南中楼門は皇族や勅使が使う門で、別名を「勅使門」という。

宇佐神宮
大分県宇佐市に鎮座する全国の八幡社（八幡神社）の総本宮。八幡造の本殿は国宝に指定されている。豊前国一宮。

宇佐神宮の参道…深い緑に覆われた参道には厳粛な雰囲気が漂う。

本殿は小椋山（亀山）の上に鎮まるため境内には石段が多い。

渡来系氏族と神社

◆ 古代日本と渡来系氏族

　古代の日本社会において、朝鮮半島からやってきた渡来人の存在は大きかった。朝鮮半島のほうが、中国の影響で先に文明が開かれたからで、渡来人がもたらした技術や文化は、日本が国家を形成していく上で極めて重要な役割を果たした。

　渡来人のなかでもっとも有力な士族が「秦氏」である。「秦」は「秦の始皇帝」に由来するともされるが、はっきりした証拠はない。九州から大和に入り、葛城など中央で勢力を拡大し、後には京都にも進出した。秦氏ゆかりの神社としては、京都の伏見稲荷大社と松尾大社があげられる。稲荷神は、もともと秦氏の氏神であったとされ、松尾大社も古代から秦氏によって祀られてきたとされる。

伏見稲荷大社
創建は和銅4年（711）と伝わる秦氏の氏神。全国の稲荷神社の総本宮で、農業・工業・商業などの守護神として広く信仰されてきた。

有名な千本鳥居。崇敬者が鳥居を奉納する習わしは江戸時代から。

松尾大社
秦氏が松尾山の神霊を一族の総氏神として定め、大宝元年（701）に社殿を建立したことが起源とされる。酒造の神として名高い。

◆ 渡来系氏族にまつわる神社

　渡来人に由来する神社は少なくない。最初に朝廷がおかれた奈良には、加夜奈留美命神社（「かや」は韓国から）や漢国神社（もとは韓国神社）などがある。東大寺にも辛国社が祀られている。神社のもっとも古い形を残すとされる大神神社も、それを祀りはじめた太田田根子は渡来人が多く住む地域の出身であった。

　但馬国一宮の出石神社は兵庫県豊岡市に鎮座するが、祭神である天日槍命は、『古事記』によれば新羅王子であったとされる。妻を追って難波に行こうとしたが、但馬国に留まっていたときに新しい妻を迎え、子孫をもうけたという。

　埼玉県日高市（旧武蔵野国高麗郡）の高麗神社も、高句麗からの渡来人、高麗王若光を主祭神としている。霊亀2年（716）に高麗郡が置かれ、関東に散在していた高麗人が移住した。若光は高麗郡の開拓に尽力したと伝えられている。

出石神社
天日槍命が家宝の八種神宝（やくさのかんだから）を八前大神（やまえのおおかみ）として祀ったのが起源で、その後、但馬国の開拓に貢献した天日槍命も祭祀されたと伝わる。

高麗神社
高麗神社の主祭神・高麗王若光は、王姓を賜っていることから高句麗の王族出身と考えられている。高麗神社の御祭神は出世・開運の神として広く崇敬を集める。

4〜5世紀の朝鮮半島と日本

4世紀後半から5世紀にかけて朝鮮半島では、高句麗、新羅、百済の3国の間で大きな動乱が起こった。そのため、多くの人々が製鉄や灌漑、機織り、醸造といった大陸の先進技術を携え、日本に渡来したと考えられている。当時、日本は百済と国交があった。

渡来人のなかで、秦氏と並ぶ有力な氏族に東漢氏があった。東漢という氏族名が示しているように、応神天皇の時代に、後漢霊帝の末裔である阿知使主に率いられて渡来したと称していた。ただ、応神天皇自体の実在が不確かで、事実と考えるのは難しい。阿知使主を祀る神社としては、奈良の明日香にある於美阿志神社などがある。

王仁氏も百済系の渡来人で、東漢氏と同様に応神天皇の時代に渡来したとされる。漢の高祖の子孫であると称しており、『論語』や書の手本となった『千字文』などをもたらしたとされる。佐賀の吉野ヶ里遺跡の北に、王仁神社がある。

『前賢故実』(国立国会図書館蔵)より阿知使主と呉織と穴織。阿知使主は機織りを伝えた渡来人で、東漢氏の祖とされる。最初の征夷大将軍として知られる坂上田村麻呂も東漢氏の一族だった。

鳥居とは何か

　神社には鳥居がある。それは、神域と世俗の空間とを区別する役割を負っている。鳥居の起源については諸説あるが、東アジアには鳥居に似たものがある。現在では、鳥居の先に社殿があるのが普通だが、昔は、神体山の麓に鳥居だけが建っているようなところもあった。神域を俗界と区別する点では、その意味は変わらない。

神明鳥居と明神鳥居

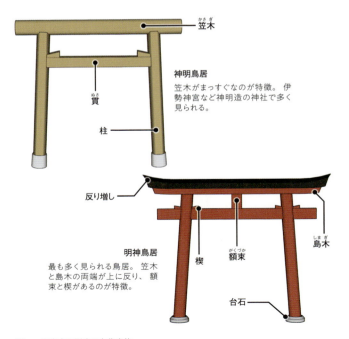

神明鳥居
笠木がまっすぐなのが特徴。伊勢神宮など神明造の神社で多く見られる。

明神鳥居
最も多く見られる鳥居。笠木と島木の両端が上に反り、額束と楔があるのが特徴。

主な神明系鳥居

伊勢鳥居

五角形の笠木と角型の貫が特徴。伊勢神宮などに見られる。

鹿島鳥居

貫が角材で、柱の外に突き出す。鹿島神宮などに見られる。

黒木鳥居

最も原始的な鳥居で、樹皮つきの丸太で造られる。

靖国鳥居

貫の断面が長方形。靖國神社や各地の護国神社で見られる。

主な明神系鳥居

台輪
亀腹

台輪鳥居

柱頭に台輪を付す。稲荷神社に多いため稲荷鳥居とも。

山王鳥居

上部が合掌型に組んであることから合掌鳥居とも呼ばれ、日吉大社にある。

控柱(ひかえばしら)

両部鳥居

神仏習合の神社に多い鳥居で、四足鳥居とも呼ばれる。

袖鳥居(そで)

三輪鳥居 (三ツ鳥居)

明神鳥居の両脇に小さな鳥居がつく。大神神社に見られる。

大斎原…明治22年（1889）の洪水で社殿を流されるまで、熊野本宮大社はこの中洲に鎮座していた。

第三章

律令国家の成立と神仏習合

律令体制の導入とともに神祇制度は整備されていき、神社のランク付けである社格制度が定められた。やがて仏教の伝播とともに神仏習合が進み、修験道ほか日本独自の信仰も広がっていく。

Outline ▶ 神社と神道の歴史③

奈良・平安時代〜中世①

◆ 律令国家の成立と神道

　仏教の場合もそうだが、神道もまた古代から国家によって管理されてきたところに特徴がある。出家して僧侶になるには国家による許可が必要だった。神社の場合にも、7世紀の終わりに律令が生まれ、8世紀のはじめに「大宝律令」が施行されると、律令国家が成立し、その傾向が強まった。

　律令の施行細則である「延喜式」は10世紀半ばに施行されるが、全50巻のうち、国家の祭祀を担う役所である神祇官にかかわるものが10巻を占めた。巻9と10は、「神名帳」という神社一覧だった。そのなかに記載された神社は「式内社」と呼ばれ、記載されていない「式外社」とは区別された。式内社は、官幣大社・同小社、国幣大社・同小社に分けられた。

律令制とは

律令制とは古代日本における中央集権的な政治体制で、唐にならって導入された制度。中大兄皇子、中臣鎌足らによる大化の改新(646)から試みられ、大宝元年(701)の『大宝令』(11巻)、『大宝律』(6巻)により完成した。以後、奈良〜平安時代の国家体制とされたが、武家政権の誕生によりその実質は失われた。

『肖像』(国立国会図書館蔵)より「大織冠鎌足公」。

僧形八幡神像は、八幡神が剃髪し、袈裟を着けて手に錫杖を持ち、蓮華座にすわる僧の姿として表現された。

僧形 八幡神像
(國學院大學博物館蔵)
平安時代に神仏習合が盛んになり、神が僧の姿（僧形）で描かれることが多くなった。八幡神を僧の姿で表した僧形八幡神像はその典型で、同じような彫像や絵図が多数制作された。

◆ 神仏習合の時代

　平安時代の終わりから、近世がはじまるまでが「中世」である。中世には暗いイメージもあるが、日本の中世の特徴は、土着の神道と外来の仏教が一つに習合した「神仏習合」の時代だったことにある。ただ、明治に入る時点で「神仏分離」が行われ「廃仏毀釈」も起こったことから、そのあり方は崩れ去り、現在ではかつての関係が見えなくなっている。

　神仏習合の時代においては、規模の大きな神社には「神宮寺」と呼ばれる寺院が存在した。八幡神の総元締め、宇佐神宮が宇佐八幡宮弥勒寺と呼ばれていたところに、そのあり方が示されている。神職の数は現在に比べて少なく、神宮寺の住職が祭祀を司っていたことも珍しくない。春日大社の正月の行事に、「日供始式 並 興福寺貫首社参式」があるが、興福寺の僧侶が社前で読経するものである。

神祇制度の確立と神仏習合

◆『延喜式』神名帳とは

　律令の施行細則として『延喜式』が成立したのは927年のことだった。その巻9・10は、全国の神社を網羅した神社一覧になっており、その数は2861社であった。ただ、そこに祀られた神の数は3132座に及んだ。一つの神社に複数の神が祀られていたわけである。

　神名帳に含まれる神社が「式内社」で、4つの種類に分けられていた。神祇官から奉幣(※)を受ける官幣大社が198社304座、同小社が375社433座、国司から奉幣を受ける国幣大社が155社188座、同小社が2133社2207座にのぼった。官幣大社・小社はほぼ畿内にあった。

　式内社の一つに奈良の春日大社があるが、平城京遷都に伴い、都の守護や国家繁栄、国民の平和を祈って創建された。式内社のなかの中心的な神社を網羅したのが二十二社である。

春日大社
神山御蓋山に鹿島の武甕槌命を祀ったのが起源。その後、勅命を受けた藤原永手が社殿を造営して経津主命、天児屋根命（あめのこやねのみこと）、比売神（ひめがみ）を併祀。写真は中門。

※**奉幣**…神に幣帛（神前にささげる供物（くもつ））を捧げること。

◆ 二十二社制度とは

　二十二社とは中世における社格制度の一つである。ただし、二十二社は一挙に定まったのではなく、徐々にその数が増えていった。最初は十二社で、そのなかには、伊勢、石清水、賀茂、松尾、平野、稲荷、春日、大原野、大神、石上、大和、住吉の各社が含まれた。伊勢を除くといずれも畿内の有力な神社で、朝廷が奉幣を捧げた。次第にその数は増え、広瀬、竜田、丹生、貴布禰、吉田、広田、北野、梅宮、祇園、日吉が加えられた。

　どの神社を二十二社に加えるか明確な基準があったわけではない。だが、奉幣を捧げた目的は王城鎮護にあり、朝廷を中心とした国家の体制が安泰であることを神々に願ったわけである。伊勢や石清水といった皇祖神を祀る神社や、摂関家である藤原氏の春日神などを祀る神社が中核をなしていた。

八坂神社
斉明天皇2年（656）に牛頭（ごず）天王（素戔嗚尊）を祀ったのが起源とされ、古くは祇園社、感神院などと称した。祇園祭は京都の夏の風物詩として有名。

貴船神社
京都の水源地に鎮まる水の神で、本宮・結社（中宮）・奥宮の三社からなる。古来、祈雨・止雨の神としても信仰されてきた。

手向山八幡宮
天平勝宝元年(749)、東大寺の大仏建立のため宇佐八幡宮(宇佐神宮)より東大寺守護の神として勧請された。紅葉の名所としても知られる手向山の麓に鎮座。

◆ 仏の守護神となった八幡神

　東大寺の大仏殿の東、二月堂の南には手向山八幡宮が鎮座している。この神社の祭神となっている八幡神は、大仏建立の事業が進められていたときに、宇佐から事業を助けるためにやってきた。それ以来ここに鎮座しているわけだが、鎌倉時代の名仏師、快慶作の僧形八幡神は、元は手向山八幡宮で祀られていた。

　僧形八幡神は、他にも作例があるが、それは神仏習合の象徴的な存在である。僧侶の姿をとっているのは、八幡神が、宿業によって定められた神の身を脱するために仏道修行をしていることを示すためだった。八幡神は、中世以降「八幡大菩薩」と呼ばれることが多く、神道の神であると同時に仏教の菩薩と位置づけられた。しかも、八幡神は応神天皇と習合することで第二の皇祖神とされ、神道の世界において極めて重要な存在と見なされた。

神仏習合と神社

◆ 両部(りょうぶ)神道と山王(さんのう)神道

　神道は、開祖もなく、したがって教えも教典もない宗教だが、仏教が日本に取り入れられたことで、その影響を強く受けていく。両部神道は空海(くうかい)の開いた真言宗(しんごんしゅう)において、山王神道は最澄(さいちょう)が開いた天台宗(てんだいしゅう)において説かれた神道の理論である。いずれも「本地垂迹説(ほんじすいじゃくせつ)」にもとづいているが、それは日本の神々は仏教の仏が衆生を救済するためにその姿を変えて現れたものだという理論だった。これによって、神と仏が一体の関係によって結ばれた。両部神道においては伊勢神宮の内宮と外宮が、それぞれ密教の胎蔵界(たいぞうかい)と金剛界(こんごうかい)になぞらえられた。一方、日吉(ひよし)大社の祭神は比叡山の地主神である。両部神道からは出家した親王である法親王の御流(ごりゅう)神道などが、山王神道からは、江戸時代に山王一実(いちじつ)神道が生まれた。

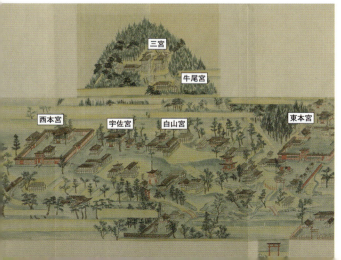

『日吉社古絵図写』(国立国会図書館蔵)。15世紀頃の日吉大社を描いたもの。

日吉大社
滋賀県大津市に鎮まる山王信仰の総本宮。日本における仏教の総本山といえる比叡山において、日吉大社は延暦寺の鎮守社とされた。

◆ 神身離脱説と本地垂迹説

　神仏習合の時代、各地の有力な神社には「神宮寺」が建てられた。三重県桑名市に鎮座する多度大社では多度神宮寺が創建された。それは、多度神の託宣によるもので、神は、自分ははるか昔重い罪を犯したため、「神道の報い」を受けたと述べ、神の身を脱するために仏法に帰依したいという願いを述べた。それが神宮寺の創建に結びつくが、こうしたところから、「神身離脱説」が生まれた。

　本地垂迹説も、仏を本地、神を垂迹としてとらえる点で仏教優位の考え方である。理論を持たない神道は、高度な哲学理論を発展させた仏教に圧倒された。高野山を開いた空海が、地主神から丹生都比売神社の神領の一部である高野山を譲られた話も、仏教の神道に対する優越を物語っている。

丹生都比売神社
高野山の地主神で、天照大神の妹神である丹生都比売大神〈にうつひめのおおかみ〉を主祭神とした四柱の神を祀る。和歌山県かつらぎ町に鎮座。

◆ 僧によって開かれた石清水八幡宮

　石清水八幡宮は、京都の裏鬼門、西南に位置する神社で、二十二社の制度では、伊勢に次いでつねに2番目にあげられていた。そこからは、平安時代において極めて重要な位置を占めていたことが分かる。実際、伊勢と並び「二所宗廟(にしょそうびょう)」とも呼ばれた。朝廷の祖先祭祀の場だというわけだ。

　石清水八幡宮を創建したのは、南都七大寺の一つ、大安寺(だいあんじ)の僧侶、行教(ぎょうきょう)だった。行教は、宇佐で八幡神の託宣を受け、それで石清水八幡宮が鎮座する男山(おとこやま)に勧請した。当初石清水寺が神宮寺となった。石清水寺は護国寺と名を改め、八幡宮と一体の関係を結び、大きく発展していく。「男山四十八坊」と言われたように、多くの僧坊が立ち並び、天皇や上皇の行幸啓も頻繁だった。

石清水八幡宮境内図

- エジソン記念碑
- 清峯殿
- 三ノ鳥居
- 御鳳輦舎

『一遍上人絵伝』(国立国会図書館蔵)より石清水八幡宮の絵図。下部中央には仏教施設である宝塔が描かれている。

宝塔

石清水八幡宮
貞観(じょうがん)元年(859)、行教の創祀と伝わる古社。その神威で平将門・藤原純友の乱を鎮めたことから国家鎮護の社として崇敬を受けた。

石翠亭
神楽殿
楼門
供御所
南総門
手水舎
本殿…現在の社殿は寛永11年(1634)に徳川家光が修造。
若宮社…流造の社殿は、摂社の中では最大のもの。男性の守護神とされる。
一ノ鳥居
石清水社…霊泉「石清水」の前に社殿を構える末社で、石清水八幡宮という社名の由来となった。
頓宮…毎年9月の勅祭、石清水祭で八幡神が遷御する社殿。
伊勢神宮遥拝所
影清塚
五輪塔
大扉稲荷社
高良神社
二ノ鳥居

修験道の発展

◆ 山岳信仰と密教

　日本人は、山を神秘な世界としてとらえるとともに、そこを特殊な能力を身につけるための修行の場ととらえてきた。これは、山を悪魔の住まう場所ととらえるヨーロッパの感覚とは大きく異なる。日本人の山岳に対する特異なとらえ方からは、山岳信仰が生まれ、それは修験道という形をとることになる。修験道の開祖とされるのが、飛鳥時代の役小角(役行者)であった。大和の葛城山で修行をすることで修験道の基礎を作ったとされるものの、伝説上の人物であった可能性が高い。修験道には、平安時代から確立される密教の影響が色濃く、土着の山岳信仰が密教と融合することで、修験道の行法や修行の方法が確立されていった。

『北斎漫画』(国立国会図書館蔵)より役小角。役行者こと役小角は、かつて葛城一帯を根拠地とした賀茂氏の出身と伝わる。

前鬼・後鬼…役小角は、前鬼・後鬼という夫婦の小鬼を従えていたとの伝承がある。

葛城山
役小角が山岳修行を行い、修験道の基礎を築いたと伝わる山で、和泉葛城山に対して大和葛城山とも呼ばれる。役小角は、この山の麓で生まれたとも伝わる。

◆ 大和から全国へと広がった修験道

　修験道の開祖である役小角が大和国の葛城山で修行したとされることもあり、修行のための霊場として名高いのは、同じく大和国の金峰山や大峰山である。現在でも、そこは修験道の修行の中心地として、多くの山伏が修行を行っている。絶壁に身を乗り出す「西の覗き」での修行は有名である。

　山が多い日本では、どの山も修験道の霊場とされるようになり、山伏はそうしたところで厳しい修行を実践した。名高い霊場としては、出羽三山、白山、立山、富士山、熊野三山、伯耆大山、石槌山、英彦山などがあげられる。金峰山の金峯山寺は役小角の開創と伝えられるが、各地の霊場の場合にも、役小角がかかわっていることが多い。金峯山寺の本尊である蔵王権現は、忿怒相で右手と右足を高くあげた特異な姿をとっているが、これは修行する山伏の姿を思わせる。

金峯神社
修験の霊場として栄えた吉野山の地主神とされる古社。境内には源頼朝の追討を受けて吉野に逃れた義経が隠れたと伝わる義経隠れ塔がある。

写真提供：吉野山観光協会

神倉神社

かつてお社も存在しない太古の時代から、畏れ崇められてきた霊山・神倉山の中腹にあるゴトビキ岩（写真）が御神体。例祭「御燈祭（おとうまつり）」（国指定重要無形民俗文化財）は日本最古の勇壮な火祭りとして知られている。

◆ 熊野三山

　熊野三山は、和歌山県南部に位置し、熊野本宮大社、熊野速玉大社、熊野那智大社の総称であり、全国熊野神社の総本宮である。

　熊野の神々は初め、新宮市の霊山・神倉山の中腹のゴトビキ岩に降臨した。その後、神々の信仰は新宮、本宮、那智と広がっていき、ゴトビキ岩は熊野信仰の中心となっている。

　とくに中世は末法思想の影響も受けながら、後白河上皇をはじめ上皇方による熊野詣を決行され、少しでも背負った罪を軽くしようと「滅罪と甦り」を求めて、難行苦行の道のりである熊野詣を選んだのである。その回数は141度にも至る。

　その後、公家、貴族庶民に至るまで熊野詣が浸透し、やがて国民信仰となって「蟻の熊野詣」という諺も生まれるほどであった。

那智滝

高さ・水量ともに日本一を誇り、日本三大瀑布の一つとされる那智大滝（一の滝）。滝自体が熊野那智大社の別宮・飛瀧（ひろう）神社の御神体と見なされている。

熊野本宮大社
全国に4700社以上ある熊野神社の総本宮。明治時代まで大斎原に鎮座していたが、洪水で社殿を流され現在地に遷座した。

写真提供：和歌山県

熊野速玉大社
神倉山に降臨された熊野の神々を初めて新宮の地に祀ったことから、熊野の「根本宮」として位置付けられる。

熊野那智大社
神日本磐余彦命（神武天皇）が那智滝を大己貴命の御神体として祀ったのが起源と伝わる。「那智の火祭」でも有名。

　そんな熊野詣の道案内をつとめたのは先達とよばれる修験道の行者たちであった。詣でる人々は檀那と呼ばれ、行者と契約を交わした御師が宿坊を提供するなど、現代における観光ネットワークの先駆けともなっている。

　私達の祖先は森羅万象全てに神が宿ると信じてきた。熊野はとくにそんな神々の原風景が多いのだろう。熊野古道を歩きながら、神々の原風景を見つけては、人々は感動を覚え、心が洗われて手を合わせたに違いない。まさに甦りへの道のりだ。

◆ 出羽三山

出羽三山は、山形県にある山岳信仰の聖地の一つである。月山、羽黒山、湯殿山からなる。飛鳥時代の崇峻天皇の第三皇子だった蜂子皇子が開山とされる。社伝によると、崇峻天皇が蘇我馬子によって暗殺された際、蜂子皇子は宮中を逃れ、日本海を北上し、羽黒山にたどり着いたところで羽黒権現を感得し、それが開山に結びついたとされる。重要なのは、祖霊信仰と結びつき、月山が、熊野と同様に極楽浄土と見なされたことである。羽黒山は現世の利益、月山は過去の祖霊信仰、そして、湯殿山は未来の生まれ変わりの利益があるとされる。

蜂子皇子尊像
（出羽三山歴史博物館蔵）

金剛童子
天台密教では阿弥陀仏の化身とされた。

除魔童子
金剛童子とともに蜂子皇子に仕えたと伝わる。

出羽三山神社
境内には神仏習合時代の五重塔が残されている。写真は羽黒山に鎮座する出羽三山神社、羽黒山三神合祭殿。

白山比咩神社

石川県白山市に鎮座する全国の白山神社の総本社。かつて白山修験の拠点として繁栄した。写真は本殿で、白山山頂には奥宮がある。加賀国一宮。

◆ 白山信仰

　白山信仰は、石川、福井、岐阜の三県にまたがってそびえている白山にまつわる信仰である。もともとは、白山を神体としていたとされる。その拠点である白山比咩神社の祭神は、『日本書紀』の一書に登場する菊理媛尊とされるが、白山権現、あるいは白山妙理大権現が実際の祭神と考えられる。白山の山頂にある奥宮を創建したのは、奈良時代の修行僧、泰澄であったとされ、白山信仰には仏教色が強く、とくに天台宗の影響が色濃い。白山への登山道の途中にある福井県勝山市の平泉寺白山神社は、その名が示すように、かつては比叡山延暦寺の末寺だった。白山比咩神社もかつては白山本宮と呼ばれ、やはり延暦寺の末寺だった。そのため、比叡山の地主神である日吉七社にならい、白山七社が形成された。

平泉寺白山神社

白山修験の越前側の拠点で、白山を開山した修験僧、泰澄が修行した地と伝わる。近世までは平泉寺という寺院だった。福井県勝山市に鎮座。

愛宕神社
京都市右京区に鎮座する全国の愛宕神社の総本社。防火の神として有名。東京都港区の愛宕神社は、徳川家康が同社から勧請したもの。

◆ 修験道の主な聖地

　日本各地には修験道の聖地、修行場が多い。それは、深い山が多いからだが、そうした場所は、山伏が修行し、特別な力を身につけるために活用されてきた。主なものとしては、長野の戸隠山、京都の愛宕山、鳥取の大山、愛媛の石鎚山、福岡の英彦山などがある。戸隠山の戸隠神社は、かつては戸隠山勧修院顕光寺として、天台と真言の密教、そして神道が習合した神仏習合の寺として多くの修験者を集めた。

　大山の大神山神社は米子市にあるが、奥宮は大山の山腹にある。愛宕山の愛宕神社は、愛宕権現を祀る白雲寺だったが、現在は火伏せの神として知られる。石鎚山は、富士山や立山とともに日本七霊山の一つとされるほど名高い。英彦山には英彦山神宮があり、西国の修験道の拠点として栄えたが、天照大神の御子神、天之忍穂耳命を祭神とすることで神宮と呼ばれる。

大神山神社
中世には近くにある供奉寺の大山寺とともに修験道の霊場として栄えた。

中国地方最高峰の大山山腹に鎮まる奥宮（重文）。

石鎚神社
御神体である石鎚山頂上の奥宮頂上社、山腹の中宮成就社と土小屋遥拝殿、麓の口之宮本社の4社から成る。愛媛県西条市に鎮座。

標高約1200mの中岳頂上に鎮座する御本社（上宮）。

英彦山神宮（ひこさん）
主祭神の天之忍穂耳命は英彦山に降臨し、邇邇芸命の建国の事業を助けたと伝わる。

後醍醐天皇と修験者

山伏とも呼ばれた修験者たちは、中世には全国的な情報網を持つようになった。たとえば、後醍醐天皇は建武中興ののち足利尊氏の離反に遭い吉野山に逃れるが、それを助けたのも同地の修験者たちだった。この時、吉野山ばかりでなく、全国の修験者たちが独自の情報網を駆使して南朝を支援したという。

『皇国紀元二千六百年史』（国立国会図書館蔵）より「後醍醐天皇御尊影」。

Close UP

一宮と総社

◆ 一宮とは

　一宮とは、その地域においてもっとも社格が高い神社のことをさす。ただし、そうした制度が存在したわけではないし、古代からあるものではない。言葉としては12世紀前半に成立したとされる『今昔物語』が初出である。

　基本的に一宮は、その地域の信仰をもっとも集めている神社とされ、二宮以下も存在する。尾張国一宮は愛知県一宮市の真清田神社と大神神社だが、二宮が犬山市の大縣神社で、三宮が熱田神宮である。熱田神宮の重要性から考えると、そここそが一宮のようにも思えるが、地域の事情は異なっているのかもしれない。

　一宮しかない国、一宮が複数存在する国、あるいは、五宮六宮まである国と、地域によって形態は異なる。序列は、国司がまわる順番にもとづくともされる。

真清田神社
天忍穂耳尊の御子で、尾張氏の祖神とされる天火明命を祀る。写真は境内入口に建つ鳥居と楼門。

備中国総社宮
備中国内324社の神々を祀るお宮で、平安時代末期の創建と伝わる。岡山県総社市に鎮座。「総社」の地名は同社に由来。

上野總社神社
上野国内549社の神々を祀る上野国の総鎮守で、第10代崇神天皇の御代の創建と伝わる。群馬県前橋市元総社町に鎮座。

◆ 総社とは

　総社とは、地域の祭神を一箇所に勧請して祀っている神社のことをさす。平安時代に、国司が国内にある諸社を巡回する代わりに、国府の近くに国内諸社の神霊を集めて祀ったことが起源ともされる。このような諸国総社のほか、寺院内に祀られた総社や、有力氏族の邸内に設けられた総社もある。また、国の下の郡や郷の諸社を集めた総社も存在する。

　備中国総社宮も総社の一つで、岡山県総社市にある。祭神は大名持命と須世理姫命、つまりは大国主命とその妻である。これに相殿神として宮中に祀られていた神産日神をはじめとする八神と、備中国内の神々を祀っている。前橋市の総社神社は、上総国の総社で、ここでも上総国内の神々を祀っている。日本の神は勧請によって、どこへでも呼び寄せ、祀ることができる。総社は、そうした仕組みを生かしたものと見ることができる。

神社の主な本殿様式②

　神社建築としてもっとも多いのが「流造」である。これは、屋根が前の方に長く伸び、廂となっているところに特徴がある。流造は平入だが、妻入の代表が春日大社に見られる「春日造」である。これは正面に廂がつき、屋根と一体になっているところに特徴がある。宇佐神宮などに見られる「八幡造」は、前後にある二棟の建物を一つに連結したもので、それは日光東照宮の「権現造」にも発展した。

神社建築に多い千木や鰹木を持たないものが多い。

本体部分を身舎（もや）、長く延びた部分を廂または向拝（こうはい）と呼ぶ。

流造（ながれづくり）
上賀茂神社・下鴨神社に代表される本殿様式。正面側の屋根が長く、大きく反っているのが特徴。

伏見稲荷大社（京都市伏見区）の流造の本殿。ほかに宇治上神社（京都府宇治市）、苗村神社（滋賀県竜王町）などのものが有名。

春日造(かすがづくり)

春日大社に代表される本殿様式。仏教建築の影響を受け、奈良時代に完成したものと考えられている。

正面に片流れの庇（向背、階隠（はしかくし）、御拝とも）を付けている。

鮮やかな彩色および優美な曲線が特徴。

枚岡神社（大阪府東大阪市）の春日造の本殿。最古の例として円成寺（奈良市）の春日堂および白山堂がある。

八幡造(はちまんづくり)

宇佐神宮や石清水八幡宮に代表される本殿様式。2棟の建物を前後に連結させて一つの社殿としている。

本殿と前殿の間には相の間が設けられている。

奉祀のための前殿が本殿に接続されている。

宇佐神宮（大分県宇佐市）の八幡造の本殿。ほかに伊佐爾波神社本殿（愛媛県松山市）や柞原八幡宮（大分市）などのものが有名。

第四章

神として祀られた 人々と武士の時代

日本では、人間も神として祀られてきた。とくに怨念を
残して亡くなった人物を祀る御霊信仰の歴史は古い。
また、政治の中心が貴族から武士へと移行すると、
武将たちも積極的に神社を保護した。

鶴岡八幡宮…源頼朝が由比ヶ浜の八幡宮を現在地に遷座。御祭神の八幡大神は源氏の氏神として崇敬された。

Outline ▶ 神社と神道の歴史④

奈良・平安時代〜中世②

◆ 神として祀られた人々

　神道の世界の特徴は、人を神として祀ることにある。これは、唯一絶対の創造神を信仰する一神教では考えられない発想だ。ただし、キリスト教やイスラム教では、聖者崇拝というものが存在し、殉教したり、奇跡を起こした聖者が信仰の対象になることがある。これは、日本で人を神に祀る場合と似ている。その点では、神という存在をどのようにとらえるかで、神道と一神教は異なるということかもしれない。人を神として祀るとき、中世の段階では、御霊信仰など、強い恨みをもって死んだ人間の霊を鎮めるためという目的が中心だった。祟りを引き起こす危険性があったからだ。それが近世になると、功績のあった人物を祀る方向に転じていくことになる。

『皇国二十四功』（国立国会図書館蔵）より「贈正一位菅原道真公」。御霊信仰を起源とする人物神の中で、もっとも信仰が広まったのは菅原道真だろう。現在は、御霊というよりも学問の神様として有名で、全国の天満宮、天神社で祀られている。

『芳年武者无類』（国立国会図書館蔵）より「八幡太郎義家」。平安後期の武将、源義家は、石清水八幡宮で元服したため八幡太郎と称した。前九年の役および後三年の役ののち東国に源氏の礎を築いた義家が、のちに鎌倉幕府を開いた源頼朝や室町幕府を開いた足利尊氏の祖先にあたる。

◆ 貴族から武士の時代へ

　平安時代には朝廷を中心に貴族が政治の実権を握っていた。平安時代は400年近くに及んだため、その間、政治の形は随分と変化していったものの、藤原氏を中心とした貴族が政治の実権を握り、日本を動かしていた。神道の世界についても、その有力な後ろ盾となったのは、やはりこの時代は藤原氏を中心とした貴族たちだった。

　ところが、平安時代も終わりになると、武士が台頭し、しだいに政治の実権は貴族から武士に移っていく。平安時代の終わりから「中世」がはじまるというのが、現在の歴史学の基本的な認識になるが、武士の台頭が一つの特徴となっていた。鎌倉時代に入ると御成敗式目が作られ、その第１条では国家のために神社を修理し、祭事を奨励することが定められていた。そこには神祇信仰を重視する姿勢が示されていた。

御霊信仰と英雄神

◆ 御霊信仰のはじまり

　御霊信仰とは、地震や風水害、あるいは流行病や飢饉が起こったとき、その原因を特定の人物の災いに求め、その人物を鎮めるために祀る行為をさす。災いを引き起こす霊は、御霊と呼ばれた。これはとくに平安時代に入ってから数多く見られるようになるが、奈良時代にも、藤原広嗣、井上内親王、早良親王などが御霊と見なされた。早良親王は、藤原種継の暗殺に関与したとして廃され、淡路国に配流になる際、亡くなる。自ら食を断ったという説もあり、死後災いを引き起こしたとして崇道天皇社などに祀られた。

　早良親王の他、井上内親王、他戸親王、伊予親王、藤原吉子、橘逸勢、文室宮田麻呂に、火雷神（以上六所・荒魂）、吉備真備が御霊と見なされ、「八所御霊」と呼ばれ、祀られた。鎌倉時代にかけては、崇徳上皇や御鳥羽上皇なども御霊として恐れられた。

『皇国紀元二千六百年史』（国立国会図書館蔵）より「桓武天皇宸影」。早良親王は桓武天皇の弟。薨去したため、桓武天皇は弟に崇道天皇の名を贈り、神として祀ることで御霊を鎮めたという。

御霊神社（上御霊神社）
京都御所の北側、京都市上京区に鎮まる神社で、古くから厄病除けの神社として信仰される。御所の南東側には下御霊神社がある。

　平安時代前期となる貞観5年（863）、平安京の神泉苑において「御霊会」が催された。これは天変地異が相次ぎ、御霊の仕業と考えられたからである、その際に祀られたのは、八所御霊から火雷神と吉備真備を除いた「六所御霊」であった。その後京都には、上御霊神社（現在の正式名称は御靈神社）と下御霊神社が創建され、八所御霊が祀られることとなった。その後も、新しい御霊が生み出されていくが、平安時代末期の崇徳天皇は、保元（ほうげん）の乱で敗れ、讃岐国に流され、死後には御霊として畏れ敬われた。墓所は、四国遍路の霊場にもなっている白峯寺（しろみねじ）で、後には四国全体を守護する存在と見なされるようになった。京都では白峯神宮に祀られた。

『大日本史略図会』（国立国会図書館蔵）より「第七十六代崇徳天皇」（部分）。配流された讃岐の地で、恨みのため生きながら天狗になったとの伝承もある。平将門、菅原道真とともに「日本三大怨霊」として恐れられてきた。

天神信仰の発祥

◆ 神として祀られた菅原道真公

御霊としてもっとも名高いのは菅原道真公である。京都の北野天満宮に祀られることで、学問の神とされ、多くの利益をもたらす存在として信仰された点でも特筆される。

道真公は、学問を家業とする家に生まれ、数々の重要な文書を草するなど大きな業績を上げた。一方で政治家としての才にも恵まれていて、その方面でも多くの功績をあげ、宇多天皇の信任は篤かった。遣唐使を中止する決定を下したのも、道真公だった。そうした功績によって道真公は右大臣に任じられ、従二位にまで昇格した。ところが、延喜元年（901）には、大宰権帥（だざいのごんのそち）として九州の大宰府に突然左遷される。

なぜ大出世をとげた道真公がそういう事態に遭遇しなければならなかったのか、明確な理由は分かっていない。醍醐天皇を廃し、斉世親王を立てる陰謀に加担したなどという説もあるが、藤原氏に属していなかったことが大きいのではないだろうか。死後には、疫病が流行し、要人が次々と亡くなったため、天の神、ないしは雷の神である天神として祀られるようになる。

日本最古の八棟造（権現造）の本殿は慶長12年（1607）の造営で、国宝に指定されている。

北野天満宮
全国に約12000社ともいわれる天満宮、天神社の総本社。

◆ 太宰府天満宮の発祥

　大宰府に左遷されてからの道真公は、仏事と詩作の日々を送ったとされる。ところが、出世の道を閉ざされたことで失意の状態にあったのか、左遷から2年が経った延喜3年(903)に亡くなっている。その際、安楽寺に葬られることになり牛車で遺骸を運んだが、門前でそれが動かなくなった。それは道真公の霊がそこに葬られることを望んでいるからだと解釈され、2年後には廟が建設され、天原山庿院安楽寺と呼ばれた。

　ところが、京の都では、疫病や天変地異、関係者の突然の死などがあり、道真公の祟りだと言われるようになる。そこで、醍醐天皇に命じられた藤原仲平が太宰府まで赴き、墓所に社殿が建てられ、安楽寺天満宮が誕生する。後の太宰府天満宮である。これによって、道真公の霊は、京都の北野と太宰府の双方で祀られることとなった。

太宰府天満宮
道真公を祀った安楽寺の跡と伝わる。京都の北野天満宮とともに全国の天満宮の本宮とされ、学問、厄除けの神として信仰される。

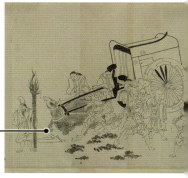

『北野天神縁起』(国立国会図書館蔵)の写し。

道真公の亡骸を運ぶ牛が臥したため、そこに亡骸を埋葬しようとしている様子を描いている。

防府天満宮
道真公が亡くなった翌年、延喜4年(904)の創建。日本で最初の天満宮ともいわれる。道真公は、太宰府へおもむく途中でこの地に立ち寄ったと伝わる。

谷保天満宮
道真公の三男、道武の創建と伝わる。東日本最古の天満宮とされ、関東三大天神のひとつにも数えられている。

◆ 菅公ゆかりの名社

　全国にある神社のなかでもっとも多いのは八幡神を祀る八幡宮、八幡神社、次に稲荷神社だが、第3位が天満宮である。天満宮は菅原道真公を祀るが、一方で天の神を祀る天神社でもある。その点で、天満宮、天神は重要な存在であり、それが全国に広がった原因と考えられる。日本三大天満宮と言ったときには、北野と太宰府のほかに、山口県防府市にある防府天満宮があげられることが多い。防府天満宮は、かつては松崎神社と呼ばれ、道真が亡くなった翌年に創建されたとされる。この時点では、道真の祟りは言われておらず、別の事情から創建されたものと考えられる。

　谷保天満宮は、東京都国立市にあり、亀戸天神、湯島天満宮とともに関東三大天満宮に数えられるが、道真の第三子、道武が祀ったことにはじまるとされている。

◆ その他の主な人物神

　柿本人麻呂は飛鳥時代の歌人である。『万葉集』にその歌が90首と多く収められ、万葉第一の歌人ともされる。ただ、官吏としては位が低く、その生涯については分かっていない。それが、平安時代になると、山部赤人とともに「歌聖」として讃えられ、神格化された。その結果、人麻呂を神として祀る神社も生まれ、島根県益田市の高津柿本神社や、明石市の柿本神社が名高い。

　一方、平将門の乱を引き起こした平将門も、その死後、神田明神をはじめいくつもの神社で祀られた。将門は、「新皇」と称し、東国の独立を企てたとされるが、討ち取られ、その首は京都の七条河原にさらされた。ところが、首は胴体を求めて飛び上がり、生まれた東国に向かったとされる。それが、東京大手町の「首塚」であり、祟りを引き起こしたことで神田明神に祀られることとなった。

『和哥三人』（国立国会図書館蔵）より「柿本人麿」。『万葉集』中第一の歌人と評される。

『芳年武者无類』（国立国会図書館蔵）より「相模次郎平将門」。死後に祟りが恐れられた。

柿本神社
元和6年(1620)に明石城主の小笠原忠政が、人丸山の山頂に柿本人麻呂公を祀ったのが起源とされる。兵庫県明石市に鎮座。

神田明神(神田神社)
天平2年(730)の創建と伝わる古い社。祭神は大己貴命で、のちに少彦名命と平将門命が合祀された。近くには首塚(将門塚)がある。東京都千代田区に鎮座。

　陰陽師は、古代の律令制において、中務省の陰陽寮に属した官吏で、暦や時刻などを扱ったが、占いも司った。陰陽師のなかで、小説や映画を通して有名になったのが安倍晴明で、死後、京都の晴明神社に祀られている。ただ、この神社が多くの人々の信仰を集めるようになるのは、映画がヒットして以降、最近になってからのことである。

　他に、昔話や童話の主人公となった金太郎のモデルとされる坂田金時は、静岡県小山町の金時神社に祀られている。あるいは、琵琶法師で歌人としても名高かった蟬丸は、滋賀県大津市の関蟬丸神社に祀られている。こうした神々も、平安時代に生まれたと考えられるが、どれも怨霊だったわけではない。むしろ、生前の功績によって死後に祀られるようになったわけで、近世に入ってから生まれた、功績のある人物を神として祀る風習の先駆をなすものと考えられる。

武士の時代の幕開け

◆ 平清盛と嚴島神社

『平家物語』には、「驕れる人も久しからず、ただ春の夜の夢のごとし」ということばが出てくる。武士政権の幕開けとなった平家は栄耀栄華を極めたものの、それは永く続かず、源氏によってあえなく滅ぼされてしまった。

安芸の宮島の嚴島神社は、安芸国一宮とされ、佐伯氏が代々神職をつとめてきた。ところが、平清盛が安芸守をつとめたことから佐伯氏との結びつきが生まれ、平家一門は嚴島神社を信仰の対象とした。

平安時代の古式を伝える嚴島神社の寝殿造の海上社殿は、平家の棟梁であった平清盛が造営したものである。嚴島神社に納められた国宝の「平家納経」は、平家一門が一人一巻ずつを担当した。

『芳年武者无類』(国立国会図書館蔵)より「平相国清盛」。『平家物語』には、清盛が夢枕で「嚴島の宮を造営すれば、必ずや位階を極める」とのお告げを聞いて、嚴島神社の壮麗な社殿を造営したとのエピソードがある。

嚴島神社

三女神を祀る神社で、有名な寝殿造の海上社殿は平清盛の造営。社殿、回廊などのほか、所蔵の平家納経など数多くの国宝を有する。広島県廿日市市に鎮座。

写真提供：広島県

- **御本社**…本殿、幣殿、拝殿、祓殿が国宝に指定されている。
- 五重塔
- 朝座屋
- 東廻廊
- 大国神社
- 不明門
- 反橋
- 天神社
- 長橋
- 西廻廊
- 右楽房
- 右門客神社
- **客神社**…本殿、幣殿、拝殿、祓殿が国宝に指定されている。
- 火焼前
- 平舞台
- 左楽房
- 左門客神社
- 高舞台
- 橋掛
- 能楽屋
- **能舞台**…国内で唯一の海上の能舞台。
- **豊国神社（千畳閣）**…天正15年（1587）に豊臣秀吉が読経を目的に建立させた未完成の巨大な仏堂。秀吉を祀る。
- **大鳥居**…境内の沖合約200mの地に立つ海上鳥居で、日本三大鳥居の一つとされる。

嚴島神社境内図

◆ 源 頼朝と鶴岡八幡宮

　平家を倒した源氏の総大将が源頼朝である。頼朝の父義朝は平治の乱で敗れて殺害され、頼朝も伊豆国に流された。頼朝は、以仁王に促されて北条時政や義時らと挙兵し、平家を打倒することに成功する。その結果、征夷大将軍に任命され、鎌倉に武家政権を開く。頼朝の跡を継いだのが、子の頼家と実朝であったが、実朝が鶴岡八幡宮で暗殺され、源氏は三代で終わる。後を継いだのが執権となった北条氏であった。

『武者鑑 一名人相合 南伝二』（国立国会図書館蔵）より源頼朝。後白河天皇の第三皇子、以仁王の命を受け平氏追討の兵をあげ、平家滅亡ののち鎌倉幕府を開いて日本初の武家政権を確立した。

『東海道名所圖會』（国立国会図書館蔵）より鶴岡八幡宮の絵図。近世までは神仏習合の寺で鶴岡八幡宮寺と称した。

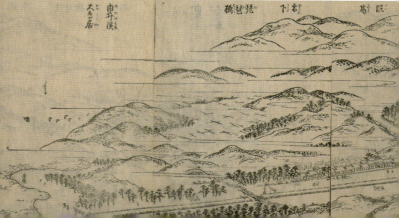

京都の石清水八幡宮護国寺(現在の石清水八幡宮)を源頼義が勧請したものを、頼朝が現在地に遷して社殿の建設を進め、改めて勧請したのが鶴岡八幡宮である。

　その後、鶴岡八幡宮は武家を中心に信仰を集め、鎌倉時代には神宮寺も創建され、神仏習合の形は江戸時代が終わるまで続いた。八幡宮に祀られる八幡神自体が、武家全体の信仰を集めるようになり、それによって八幡宮、八幡神社は全国に拡大した。神社のなかでも数が多いのは、その結果である。

鶴岡八幡宮
源頼義が石清水八幡宮の分霊を鎌倉由比郷に勧請したのが起源で、のちに頼朝が鎌倉の町づくりの中心として現在地へ遷座した。

◆ 源義経ゆかりの神社

　源頼朝の異母弟であった源義経は、平家を滅亡させる上で目覚ましい活躍をとげたものの、勝手に朝廷から冠位を授かったことで兄に疎まれ、東北の藤原氏を頼って逃げていかざるを得なくなる。最後は悲劇的な死をとげたことで、義経にまつわる伝説や場所が多く残されることになった。モンゴルに逃れてチンギス・ハーンになったという伝説は有名だ。義経を祀る神社も創建されている。

　義経を祀る神社としては、神奈川県藤沢市に鎮座する白旗神社や北海道沙流郡平取町の義経神社などがある。白旗神社は、自害された義経の首が弁慶とともにその近くに葬られたという伝承に由来する。義経神社は、義経が逃れたとされる場所にある。

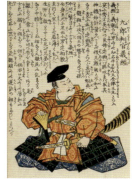

『武者かゞみ 一名人相合 南伝二』（国立国会図書館蔵）より源義経。

白旗神社
祭神は寒川比古命と源義経公。奥州で自害した義経公の首を埋葬し、祀ったと伝わる。近くには弁慶の首を埋葬したと伝わる弁慶塚がある。

『小倉擬百人一首』(国立国会図書館蔵)より安徳帝と典侍の局。壇ノ浦の戦いに敗れた際、安徳天皇を抱いた祖母の二位の尼(平時子)が「水の下にも都がありますよ」と告げて入水したとの哀しい伝承がある。

◆ 水天宮に祀られた安徳天皇

　幼くして壇ノ浦に沈んだ安徳天皇は、平清盛の娘徳子を母とする。安徳天皇を祀る神社としては、山口県下関市の赤間神宮や福岡県久留米市の水天宮がある。東京の水天宮でも、祭神の一柱として安徳天皇を祀っている。水天宮は安産のご利益があるとされるが、それも幼くして亡くなった天皇との結びつきからだろう。赤間神宮は江戸時代になるまで、安徳天皇御影堂と呼ばれ、勅命によって建立された。赤間神宮(赤間宮)への改称は明治に入ってからのことである。

水天宮
全国の水天宮の総本宮。天御中主神(あめのみなかぬしのかみ)、安徳天皇、高倉平中宮(たかくらたいらのちゅうぐう)、二位の尼の四柱を祀る。近世には久留米藩主有馬氏の崇敬を受けた。

Close UP

中世における神道の流れ

　神道は本来、特定の開祖も存在せず、教義も形成されていない。だが、中世において神仏習合という事態が生まれ、仏教の教義の強い影響を受けた結果、さまざまな神道理論が誕生することになった。主なものとしては、「伊勢神道」「吉田神道」「法華神道」などがある。

　伊勢神道を唱えたのは、伊勢神宮の外宮の社家であった度会氏である。伊勢神宮の場合、その成立の経緯からすれば、内宮の方が中心で、そこには皇祖神である天照大神が祀られている。一方、外宮の祭神は、天照大神に食事を供する豊受大神である。渡会氏は、その関係を逆転させるために、豊受大神が実は天之御中主神や国常立尊であるという考え方を打ち出し、外宮の方が内宮に優っていると主張した。さらに、日本が「神国」であることを強調し、その後の神道理論に大きな影響を与えた。

『都名所図会』（国立国会図書館蔵）より吉田神社の絵図。中央に八角形の大元宮が描かれている。大元宮は吉田神道の根本殿堂とされた。

神として祀られた人々と武士の時代

もう一つ、神道理論として大きな影響を与えたのが、朝廷において占いを司ってきた卜部氏に生まれた吉田兼倶が唱えた吉田神道である。吉田神道は、伊勢神道を受け継ぎ、神道優位の考え方を打ち出し、根源的な神を祀る大元宮を吉田神社に設けた。さらに、朝廷などに取り入って神職の任命権を獲得し、神社界に君臨した。

　法華神道は、伊勢神道や吉田神道とは方向性が逆で、仏教信仰のなかに神道の信仰を取り込んだものであった。日蓮の弟子の日像は、主要な神社の祭神を「三十番神」という形で法華経を守護する存在として取り入れ、法華神道を確立した。

　こうした神道理論が生まれたことで、神道も教義の面で仏教に対抗できる力を備え、後の発展の基礎が形作られた。

太田道灌と神社

中世における江戸の神社を語るうえで欠かせない人物が、室町後期の武将で最初に江戸城を築城した太田道灌だ。道灌は江戸城とその周辺に、日枝神社や平河天満宮、市谷亀岡八幡宮、湯島天満宮、若宮八幡神社など、数多くの神社の創建や再興を行った。

「肖像」（国立国会図書館蔵）より太田道灌。

日枝神社
もとは江戸氏が祀っていた山王宮を、太田道灌が江戸城の鎮守として改めて川越山王社を勧請したと伝わる。

◆ 神となった徳川家康

　日本には人を神に祀る風習が存在するが、近世以降になると、社会的な功績の大きかった人物が神として祀られるようになる。天下を統一した豊臣秀吉もその一人で、秀吉は、死後に八幡神として祀られることを希望していたともされるが、結局は、吉田神道に従って豊国大明神として祀られた。

　秀吉の後、豊臣家を滅ぼし、徳川幕府を開いたのが徳川家康だった。家康本人は死後に神として祀られることを希望してはいなかったようだが、二代将軍となった秀忠は、日光に社殿を建て、そこで家康を祀った。秀吉が吉田神道に従って大明神として祀られたことが豊臣家の滅亡につながったとして、家康の場合には、天台宗の山王一実神道に従って東照宮に東照大権現として祀られた。その後、代々の徳川家の将軍は、東照宮に参拝する「将軍社参」をくり返した。もっとも熱心だったのは三代将軍の家光である。

『肖像』（国立国会図書館蔵）より徳川家康。元和2年（1616）に駿府城で没し、久能山（久能山東照宮）に葬られたのち、日光山（日光東照宮）に改葬された。

日光東照宮
現在の社殿群は、そのほとんどが寛永13年（1636）に家光が建て替えたもので、国宝8棟、重文34棟を含む55棟の建造物が建ち並ぶ。写真は国宝の陽明門。

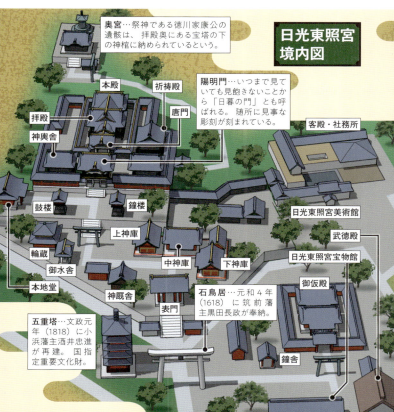

日光東照宮境内図

奥宮…祭神である徳川家康公の遺骸は、拝殿奥にある宝塔の下の神棺に納められているという。

陽明門…いつまで見ていても見飽きないことから「日暮の門」とも呼ばれる。随所に見事な彫刻が刻まれている。

石鳥居…元和4年（1618）に筑前藩主黒田長政が奉納。

五重塔…文政元年（1818）に小浜藩主酒井忠進が再建。国指定重要文化財。

本殿 / 祈祷殿 / 拝殿 / 唐門 / 神輿舎 / 客殿・社務所 / 鼓楼 / 鐘楼 / 日光東照宮美術館 / 武徳殿 / 上神庫 / 日光東照宮宝物館 / 輪蔵 / 中神庫 / 下神庫 / 御仮殿 / 御水舎 / 本地堂 / 神厩舎 / 表門 / 鐘舎

◆ 各地に祀られた家康公

　家康公は、自分の死後にはまず駿河国の久能山にご遺骸を埋葬し、葬儀は菩提寺の増上寺で行い、位牌は三河国にある徳川家のもともとの菩提寺に安置し、一周忌が過ぎたら日光に小さな堂を建て、そこで関東の守護神として祀るよう遺言していた。その通りになったわけだが、日光に建てられた日光東照宮は小さな堂宇ではなかった。

　ご遺骸が埋葬された久能山には、久能山東照宮が建てられた。日光東照宮は絢爛豪華な建物として知られるが、久能山東照宮はその原型となっている。他の地域でも、家康公自身、あるいは徳川家ゆかりの地には、それぞれ東照宮が建てられていった。現存するもので500社、廃絶されたものを含めるとその数は700社にも及んだ。このことから、徳川家の威勢がいかに大きなものであったかがうかがえる。

久能山東照宮
家康を埋葬している地に創建された、日本で最初の東照宮。静岡県駿河市に鎮座。

絢爛豪華な社殿は国宝に指定されている。

仙波東照宮
家康の御霊を久能山から日光山へと御分霊する途中、隣接する喜多院の住職で家康の側近であった天海僧正はこの地で4日間の大法要を行い、のちに同宮を祀った。

◆ 再興した豊国神社

豊臣秀吉を祀った豊国神社が京都に創建されたのは慶長4年(1599)のことだった。ところが、その後、大坂冬の陣と夏の陣を経て、慶長20年(1615)に豊臣家が滅亡すると、豊国大明神の神号は奪われ、神社自体が廃絶された。

豊国神社が再興されたのは、徳川幕府が倒された明治に入ってからのことである。同じ時期には、秀吉に先立って天下を統一した織田信長を祀る建勲神社も京都の船岡山に創建された。

「肖像」(国立国会図書館蔵)より豊臣秀吉。秀吉は死後、豊国大明神として祀られた。

「肖像」(国立国会図書館蔵)より織田信長。信長は、近世になってから建勲神社の祭神となった。

豊国神社
秀吉の死後に創建された豊国廟を、明治13年(1880)に現在地に遷座・再興した神社。伏見城の遺構と伝わる唐門は国宝に指定されている。

神社の主な本殿様式③

　日光東照宮の「権現造」は、本殿と拝殿を一体化し、その間に一段低い石の間を設けたかなり複雑な形をしている。富士山本宮浅間神社の「浅間造」になると、社殿の上にさらに社殿が載るという天守閣のような建物になっている。

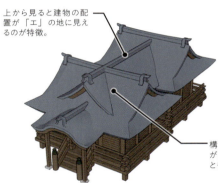

上から見ると建物の配置が「エ」の地に見えるのが特徴。

権現造（ごんげんづくり）
日光東照宮に代表される本殿様式。本殿と拝殿の間を石の間でつないだ形式で、北野天満宮が元祖とされる。

構造上、屋根の棟が多いため八棟造とも称される。

2階部分に三間社流造の本殿が載ることが最大の特徴。

浅間造（せんげんづくり）
富士山本宮浅間大社に代表される本殿様式。寄棟造の拝殿の上に流造の本殿を載せた2層式の特殊な社殿。

七福神とは何か

　七福神めぐりは江戸時代から盛んになったとされるが、最近は、御朱印を集めるブームと相まって、七福神の人気は高まっている。現在、七福神と言えば、恵比寿、大黒天、福禄寿、毘沙門天、布袋、寿老人、弁財天からなるのが一般的だが、この七つに定着するまでには変遷があった。七福神を構成する神々は、ヒンドゥー教（大黒天・弁財天）や仏教（毘沙門天・布袋）、あるいは道教（福禄寿・寿老人）、さらには日本土着の神（恵比須）に由来するもので、もともと相互に関係があったわけではない。ただ、それぞれがご利益のある神であるということで、さらには、めでたいとされる七という数にまとめあげられていった。中国から入ってきた「竹林の七賢」という絵に見立てられたという説もある。七福神や財宝を載せた船が「宝船」で、正月2日に、枕の下にその絵を敷いて寝ると縁起のいい初夢を見ることができるといった信仰も生まれた。

『七福神宝の参宮』（国立国会図書館蔵）。七福神のお伊勢参りを描いたもので、背後には伊勢神宮や夫婦岩が見える。

第五章

江戸の庶民信仰

戦国の世が終わり、世の中が豊かになると民衆は行楽地としての神社を求めた。なかでも伊勢神宮を詣でる「おかげ参り」は、江戸時代を通して複数回にわたり熱狂的なブームとして広まった。

亀戸天神社…寛文2年(1662)に幕府から社地の寄進を受けて創建された。境内は太宰府天満宮を模して整備された。

> Outline 神社と神道の歴史⑤

近世

◆ 江戸開府と神道

　徳川幕府が江戸に開かれたことによって、永く続いた戦乱の時代に終止符が打たれた。戦乱のなかでは、被害を受けた神社も少なくない。伊勢神宮の式年遷宮も応仁の乱が起こる15世紀半ばから16世紀の終わりまで中断されていた。徳川幕府は、社会の安定をはかるために神社の造営や修復を積極的に推し進めていった。

　ただし、中世から戦乱の時代にかけて、寺社勢力が世俗の権力と拮抗する事態が続いたことを踏まえ、寺社奉行を定め、神社や寺院を幕府の管理下に置いた。さらには、「諸社禰宜神社等法度」を定め、神社、神職の管理を徹底させた。

江戸時代には、学問の中心を儒学が担うようになり、それは神道についての研究にも及んだ。藤原惺窩や林羅山、山崎闇斎などが現れ、神道と儒教は一体であるとする神儒一致思想などが説かれた。

　その一方で、儒学を批判する形で、日本人の思想を仏教や儒学の立場からではなく、独自のものとしてとらえようとする国学が生まれた。国学は最初『万葉集』などを研究する歌学としてはじまったが、伊勢の町医者だった本居宣長は、当時、読むことが難しくなっていた『古事記』に注釈を施した『古事記伝』を著した。宣長は、中国的な思想を「漢意」として否定し、日本古来の「もののあわれ」を高く評価した。宣長の死後の弟子、平田篤胤は、太古の日本人のあり方に回帰する復古神道を唱え、幕末の尊皇攘夷思想に影響を与えた。

『江戸絵図（左隻・右隻）』（国立国会図書館蔵）。江戸時代前期に描かれたもの。

徳川家ゆかりの神社

◆ 徳川家康の江戸設計

　平安京の場合には、北東の鬼門の方角に比叡山延暦寺があり、南西の裏鬼門の方角に石清水八幡宮が位置することで、王城鎮護がはかられた。こうした鬼門と裏鬼門の考え方は、江戸の場合にも応用され、それが神社の配置に影響した。その際に大きな働きをしたのが、天台宗の僧侶で徳川家康のブレーンとなった南光坊天海という僧侶であった。

　天海は、江戸城の鬼門の方角に徳川家の菩提寺である寛永寺を建てた。寛永寺は「東叡山」という山号をもち、まさに京都の比叡山と同じ役割を果たすことを期待された。さらに、寛永寺の隣には家康を祀る上野東照宮も造営された。

『東都三十六景　愛宕山』（国立国会図書館蔵）。山頂に愛宕神社が鎮まる標高 26 メートルの愛宕山は、江戸市中を見渡せる行楽地として江戸庶民に人気だった。

愛宕神社
慶長 8 年（1603）に徳川家康が創建。曲垣平九郎が馬で駆け上ったという「出世の石段」（写真）で有名。鎮座地の愛宕山（東京都港区）は東京 23 区内最高峰。

86 段ある石段の傾斜は約 40 度。
愛宕山の標高は 25.7m。

『銀世界東十二景 赤坂山王』(国立国会図書館蔵)。太田道灌が江戸城の鎮守として祀った山王社(日枝神社)は、江戸時代には徳川将軍家の産土神として篤く崇敬された。

　天海は、徳川家のもう一つの菩提寺である増上寺を江戸城の裏鬼門の方角に建てた。その上で、鬼門と裏鬼門の守りをより厚いものにするため、現在地とは別のところにあった神田明神や日枝神社を移転させ、神田明神が鬼門、日枝神社が裏鬼門を守護する形とした。さらには、日光東照宮が鬼門を、久能山東照宮が裏鬼門を守る形となり、江戸城、さらには江戸の宗教的な守りは万全の形をとることとなった。

　家康が勧請した神社として名高いのが愛宕神社である。愛宕神社の本社は京都にあり、火伏せの神として知られた。ただ、祭神となる愛宕権現の本地仏は勝軍地蔵という軍神であるという信仰が生み出されたため、家康は、江戸の桜田山(愛宕山)にそれを勧請した。愛宕神社の険しい階段を馬で駆け上った武士が出世をとげたため、それは「出世の石段」とも呼ばれる。

上野東照宮
現在の社殿は慶安4年(1651)に家光が造替したもので、徳川家康、徳川吉宗、徳川慶喜を祀る。東京都台東区の上野公園に鎮座。

◆ 各地の神社と徳川家

　徳川家康によって手厚く保護された神社の一つに長野の戸隠山周辺に点在する戸隠神社がある。現在の戸隠神社は、奥社、中社、宝光社、九頭龍社、火之御子社からなっている。中世の時代の戸隠神社は戸隠山顕光寺という形をとり、神仏混交の修験道の道場だった。したがって、江戸時代には東叡山寛永寺の末寺となっていた。家康は、そこに朱印高千石を与えて保護した。戸隠神社と改称されたのは、明治に入ってからの神仏分離によるものである。

　徳川家は、清和源氏の末裔である新田氏から分立した世良田氏につらなると自称しており、群馬県太田市の世良田はゆかりの地とされた。世良田には、世良田東照宮が建立されたが、拝殿は日光東照宮から移築されたものだった。隣接する長楽寺

戸隠神社
戸隠山山腹に鎮まる奥社（写真）の祭神は「天岩戸開き神話」で知られる天手力雄命（あめのたぢからおのみこと）。顕光寺は「戸隠三千坊」と称されるほど栄えた。

世良田東照宮
徳川家発祥の地とされる世良田に鎮座。正保元年（1644）、天海僧正が家光の命を受け、日光東照宮より社殿や神宝などを移して創祀した。

白山神社
平安時代に加賀の白山比咩神社を現本郷一丁目付近に勧請したのが起源とされ、明暦元年(1655)に現在地に遷座。5代将軍綱吉やその生母・桂昌院の崇敬を受けた。

写真提供：文京区観光協会

とは明治に入るまで一体の関係にあった。

　江戸には、名高い神社がいくつかあるが、徳川家の代々の将軍とのつながりがあることが多い。白山神社は、現在の小石川植物園にあったが、そこに5代将軍となる綱吉の屋敷が建てられたため、現在地に移転した。それが縁で、綱吉が信仰した。根津神社も、元は6代の家宣の父親の屋敷跡に建立された。赤坂氷川神社も、8代の吉宗によって現在地に移されている。

根津(ねづ)神社
日本武尊の創建と伝わる古社で、中世には太田道灌が社殿を再興。6代将軍家宣が氏神として以来、徳川家の崇敬を受けた。東京都文京区に鎮座。

赤坂氷川神社
紀州徳川家赤坂屋敷の産土神であった縁から、8代将軍吉宗が崇敬した。享保15年(1730)、吉宗は将軍就任を機に現在の社地を与え、社殿を造営した。数々の震災・戦災を免れ、都重要文化財に指定をされている。

江戸庶民の参詣ブーム

◆ 伊勢やこんぴらが大人気

　江戸時代の初期の段階では、戦乱の再燃が懸念され、事実、大坂冬の陣や夏の陣、あるいは島原の乱なども起こった。しかし、時代が進むにつれ、社会は安定し、それは交通の安全が確保されることに結びついた。それによって、庶民のあいだに各地の社寺を参詣するブームが到来した。

　もう一つ、そこには寺請制度の影響もあった。寺請制度は、当初キリシタンでないことを証明するために導入され、各地の寺が地域の住民の管理を行った。そのなかには旅も含まれ、寺の許可を得なければ旅行もままならなかった。ただ、寺社への参詣は許される可能性が高く、それが参詣熱を高めることに貢献した。

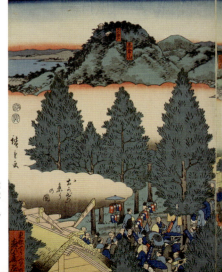

『伊勢参宮略図』（国立国会図書館蔵）。手前は参拝者でにぎわう外宮境内。背後の内宮や古市の街並のほか、二見浦や朝熊山など周辺の名所も描かれている。

寺社へ参詣する場合、各地の村においては「講」が組織され、集団で参詣することが一般的だった。講は、村のなかに生まれた信仰を同じくする人々の自発的な組織であり、遠隔地の寺社への参詣を目的とするときには、講のメンバーが金を積み立て、順番に参詣を果たすという仕組みが作られた。

　参詣する対象となる寺社としては伊勢神宮、金比羅山などの他、成田山、出羽三山、大山、富士山、榛名山などさまざまだったが、修験道の霊場となっているところについては、山伏が先達となって講の人間たちを案内した。

　江戸で盛んだったのが富士講で、その目的は富士山に登山することにあった。富士講の人間の先達となったのが「御師」で、彼らは講のメンバーに対して宿も用意した。現在でも、吉田には御師住宅が残る。江戸市中に建てられた富士塚は、富士山に登山する代わりにご利益をもたらすとされた。

◆ お伊勢参り

　伊勢神宮には天照大神が祀られており、二十二社の制度でも、つねにその筆頭にあげられていた。

　しかし、戦乱の時代に式年遷宮が行われないなど荒廃し、新たな経済基盤の確立が必要になった。そうした時代的な要求もあり、江戸時代には、庶民層に伊勢参りが広がった。庶民を伊勢に導いたのは、御師たちで、彼らは、檀家をまわり、御祓大麻という神札を配ったりもした。伊勢参りをする際には、合わせて他の神社仏閣や京、大坂をまわるので、庶民にとっては一世一代の大旅行ともなった。

『参宮上京道中一覧双六』（国立国会図書館蔵）。
江戸から京都への旅程の宿場を紹介したもの。歌川広重筆。

『伊勢参宮膝くりげ道中寿語録』(国立国会図書館蔵)。十返舎一九の『東海道中膝栗毛』になぞらえ、弥次さん喜多さんの珍道中を双六にしたもの。歌川広重筆。

　伊勢参りを行う場合には、大きく分けて二つのパターンがあった。一つは、村のなかで伊勢講を組織し、そこで伊勢参りのための資金を貯め、籤によって選ばれた二、三人のメンバーが連れだって訪れるという形をとるものだった。その際には、伊勢参りをするメンバーが、他のメンバーの分も祈る代参が行われた。容易には伊勢参りがかなわないため、犬に代参させるようなことも行われた。

　もう一つのパターンは、江戸時代に四回行われた「お蔭参り」である。この場合には、まったく旅の用意をしていなかった人間たちが、仕事を中断して、一斉に伊勢参りをするものだった。そうした年はお蔭年と呼ばれ、ほぼ60年に一度訪れた。旅支度も路銀も用意せず、それが可能になったのは、道中の人々によって「施行」があったからだ。お蔭参りに参加した人数は数百万人とも言われる。これによって、庶民も故郷以外の場所を知り、見聞を広めることとなった。

◆ こんぴら参り

　こんぴら参りは、香川県琴平町にある金刀比羅宮（こんぴらさん）に参詣することを言う。明治に入ってからの神仏判然令で、金刀比羅宮は神社となったが、江戸時代においては象頭山松尾寺金光院という真言宗の寺院だった。江戸時代は民謡「金毘羅船々」にも歌われた金毘羅大権現を祀り、現在は大物主命と崇徳天皇を祀る。大権現は、神道と仏教が習合したところに生まれた日本に独特の神号で、他に東照大権現がよく知られる。金毘羅は、もともとはガンジス川に住む鰐を神格化したインドの水の神クンピーラが語源ともいわれる。

　金刀比羅宮がかつて仏教の寺院であったことは、江戸時代の「金毘羅参詣名所図会」を見れば明らかで、本堂のほかに、境内には多宝塔や鐘楼が建ち並んでいた。金毘羅がもともと水の神であったため、金毘羅大権現は海上交通の守り神として信仰を集め、眷属は天狗とされた。金毘羅信仰を広めたのは、天狗の面を背負った白装束の行者たちであった。

金刀比羅宮
瀬戸内海を眼下に望む象頭山の中腹に鎮座。「こんぴらさん」の通称で知られ、古くから海上交通の守り神として信仰されてきた。

金刀比羅宮の名物ともいえるのが、表参道から御本宮、さらには奥社まで続く長い石段。石段の途中にも、灯明堂や大門など見所が多数ある。

現在の金刀比羅宮で相殿に祀られる崇徳天皇は、保元の乱に敗れ、讃岐の国に流された際、金毘羅大権現を深く信仰したとされ、それによって金毘羅大権現と習合することにもなった。金刀比羅宮で名高いのは、本宮まで続く785段の石段だが、奥社まで行くならば、1368段にもなる。この長い石段を登りきってこそ、絶大なご利益を

『六十余州名所図会 讃岐 象頭山遠望』（国立国会図書館蔵）。中腹に金刀比羅宮の社殿群が描かれている。

得ることができるとされる。奥社には、江戸時代に金毘羅大権現別当金光院主を務めた金剛坊宥盛（厳魂彦命）が祀られており、その境内からは讃岐富士から瀬戸内海までを一望できる。

　金刀比羅宮が鎮まる象頭山（琴平山）は、古くから瀬戸内海を航行する際の目印として、航海の安全を祈る船乗りたちから崇められてきた。

『東海道五拾三次 沼津・黄昏図』（国立国会図書館蔵）。江戸時代後半のこんぴら参りでは、天狗の面を背負うのが約束ごとになっていたという。

◆ 秩父霊場参詣

　日本全国、至る所に観音霊場が存在する。それだけ、観音菩薩のご利益に期待する人々が多かったわけで、代表的なものとしては、西国三十三所、坂東三十三箇所などがある。この二つと合わせて「日本百観音」とされるのが秩父三十四箇所である。秩父三十四箇所は、埼玉県秩父地方にあり、そのはじまりは室町時代中期とされる。ただし、この霊場が多くの人々を集めるようになるのは、江戸に幕府が開かれ、秩父に至る街道が整備されてからである。街道としては、川越、熊谷、吾野などを通るものがあり、途中に関所がないため、比較的容易に霊場巡りをすることができた。女性の巡礼者も少なくなかった。

　あわせて秩父では、「秩父三社」と呼ばれる三つの神社も参詣者を集めた。三峯神社、秩父神社、寶登山神社である。このうち、三峯神社と寶登山神社には山の上に奥宮が存在しており、山岳信仰との関係の深さが示されている。

三峯神社
日本武尊の創祀と伝わる神社で、古くからの修験道の霊場として栄えた。大口真神（狼）の護符は盗難除けや火除けとして有名。

三峯神社の奥宮。雲取山、白岩山と並ぶ三峯三山の一つである妙法ヶ岳山上に鎮座。5月3日に山開祭、10月9日に山閉祭が行われる。

霊場として参詣者を集めるようになるところは、もともと修験道の修行の場であったところが多い。秩父でも「秩父修験」と呼ばれる修験道が存在し、そこで修行した山伏が先達となって参詣者を案内した。三峯神社の奥宮には本社から歩いて1時間ほどかかるが、標高1329mの妙法ケ岳を登る形になり、奥宮の手前は鎖場になっている。秩父神社では、12月に行われる夜祭が有名だが、これは江戸時代の後期から盛んになった。寳登山神社は、神武天皇を祭神として祀り、神話に遡る言い伝えがある。

秩父神社
知知夫国造がその祖神を祀ったと伝わる知知夫国総鎮守。中世から近世にかけては秩父妙見宮として信仰を集めた。養蚕と産育の守護神として広く知られる。

寳登山神社
江戸時代は寳登山大権現と称する小祠で、神狗信仰の信者が主に別当玉泉寺に訪れ、御神札を受けていた。寳登山神社は、江戸時代の末期から明治初期にかけて玉泉寺住職の榮乗によって再建された。

『三峯山御開扉参詣群集之図』(国立国会図書館蔵)。江戸時代、秩父は関東や甲信、東北などから訪れた参拝者でにぎわった。

◆ 大山・江ノ島参詣

　江戸の人々が社寺に参詣するというとき、当然、徒歩で移動するしかなかった。したがって、遠隔地に行くことは今ほど簡単ではなかった。そこで近場が選ばれたが、その代表の一つが江ノ島である。江ノ島は古くは戦勝祈願の島として知られ、江戸時代になると江島神社が多くの参拝客を集めた。江島神社は海の神である宗像三女神を祀るが、むしろ弁財天の人気が高かった。弁財天は、もともとはインドのサラスヴァティーという神に遡る。琵琶を抱えた姿で描かれることもあり、芸能の神として信仰の対象になった。したがって、芸道上達を願う女性たちがそのご利益を期待して参詣した。

江島神社
辺津宮、中津宮、奥津宮の三社からなり、古くは江島明神と呼ばれた。日本三大弁財天の一つとされる。神奈川県藤沢市に鎮座。

『江ノ島弁財天開帳詣』(国立国会図書館蔵)。奥津宮から歩いて10分ほどの場所には、江ノ島弁財天信仰の発祥の地とされる洞窟(岩屋)があり、それを詣でる女講中を描いている。

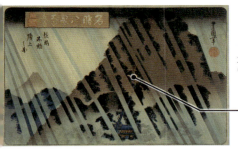

『名勝八景 大山夜雨』(国立国会図書館蔵)。背後には富士山が聳える。

麓より中腹の本堂、山頂の石尊大権現へと続く長い石段が描かれている。

　もう一つ江戸に近い参詣地として名高いのは神奈川県伊勢原市の大山であった。そこには大山阿夫利神社が鎮座しているが、江戸時代には雨降山大山寺であった。大山寺では、大山修験と呼ばれる修験道が盛んであり、関東各地の村には大山講が組織され、大山詣を行った。これは女人禁制で、江戸の職人たちのあいだで人気があった。参拝者は、白の行衣、菅笠に手甲、脚絆といった姿で、「六根清浄」のかけ声を唱えながら大山へ至る大山道を歩いた。夏山においては、近郷の高座郡の男たちが、肉襦袢に股引、白足袋といった出で立ちで、夜に走って参拝する「裸参り」を行った。大山と富士山とは、祭神が父娘(大山祇大神と木花咲耶姫)の関係にあることから、両詣りの信仰も生まれた。江戸時代、大山には年間20万人が訪れたとされる。

大山阿夫利神社
古くから雨乞いの祈願所として知られ、江戸時代には庶民信仰の霊山としてにぎわった。山頂に本社、中腹に下社がある。古い地図には、大山寺(現在の下社の位置にあった)に大山祇大神を祀る小さな社殿が描かれている。

◆ 東国三社参り

　江戸で盛んになった信仰として、もっともよく知られるのが成田山新勝寺の場合である。それまで無名の寺だった新勝寺は、富岡八幡宮境内で「出開帳」を開き、歌舞伎役者の市川團十郎が成田不動に関係する演目を上演したこともあり、広く信仰を集めるようになった。

　江戸から成田を越えてさらに行ったところに、茨城県神栖市の息栖神社、鹿嶋市の鹿島神宮、千葉県香取市の香取神宮がある。どれも古くからある神社だが、江戸時代にはこの三社に詣でることが「東国三社参り」として人気を集めた。関東よりも北の地域では、伊勢参りの帰りにこの三社にも参ることが習慣になっていた。

息栖神社
鹿島神宮、香取神宮とともに東国三社の一つとされ古くから信仰を集めてきた。一の鳥居の両脇にある「忍潮井（おしおい）」は日本三霊水の一つとされる。

写真提供：神栖市観光協会

『鹿嶋詣道中双六』（国立国会図書館蔵）。鹿島詣をモチーフとした双六で、江戸を起点として成田や佐原など道中の名所が描かれている。

鹿島神宮と香取神宮は、利根川をはさんで向かいあっており、祭神の武甕槌大神と経津主大神は、ともに出雲の平定にかかわるとともに、春日大社で春日神として祀られている。息栖神社は、鹿島神宮と同じ常陸国にあり、その摂社と見なされていた。ただ、この三つの神社を線で結ぶと直角二等辺三角形になるため、そこに神秘性を見いだす人たちもいる。

『六十余州名所図会 常陸 鹿島太神宮』（国立国会図書館蔵）。古来、西の一之鳥居が立つ大船津は鹿島神宮参拝の玄関口として栄えた。

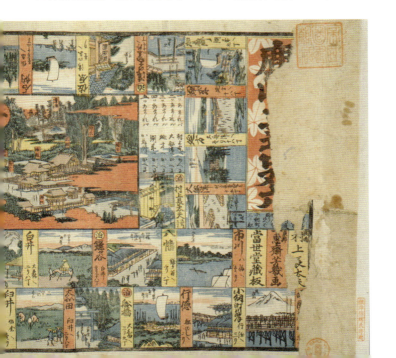

江戸庶民の信仰と行楽

◆ 江戸庶民の行楽地となった神社

　江戸時代には、江戸やその周辺の名所を案内する『江戸名所図会』が刊行された。これは、京都で刊行された『都名所図会』に影響を受けたもので、神田の町名主であった斎藤長秋、莞斎、月岑が三代かけて作り上げたものである。長谷川雪旦が絵を担当し、全7巻20冊に及んだ。こうしたものが刊行されたのも、江戸の人々が名所をめぐることを楽しみにしていたからである。そこで取り上げられる名所としては神社仏閣が多かった。第1巻の第1冊は江戸城、日本橋、御茶ノ水で、一番最後は行徳などであった。

亀戸天神社
天満天神（菅原道真公）を祀る。東京都江東区に鎮座。亀戸は同社のほか、歌川広重も描いた梅屋敷も行楽地として人気だった。

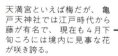

天満宮といえば梅だが、亀戸天神社では江戸時代から藤が有名で、現在も4月下旬ころには境内に見事な花が咲き誇る。

『東都三十六景 亀戸天満宮』（国立国会図書館蔵）。

坂の両脇に料理屋が並んでいた様子がわかる。

『江都名所 湯しま天満宮』(国立国会図書館蔵)。男坂を描いたもの。江戸時代には富くじの興行や梅園で広く知られ、庶民の行楽地としてにぎわった。

湯島天満宮
雄略天皇の御代に天之手力雄命（あめのたぢからおのみこと）を奉斎したのが起源と伝わり、南北朝時代に菅原道真公を併祀。中世には太田道灌が社殿を再建した。

　『江戸名所図会』にも取り上げられている名所の一つが、東宰府天満宮、今日の亀戸天神社である。ここは江戸時代に創建されたもので、境内は太宰府天満宮にならって造り上げられた。そのため、東宰府天満宮と呼ばれたわけである。亀戸天神社では、1月に木彫りの鷽を授与する「うそ替え神事」が有名だが、『江戸名所図会』では、2月の「菜種神事」が取り上げられている。

　同じく菅原道真公を祀るのが湯島天満宮で、こちらは、雄略天皇2年（458）の創建で、途中から道真公を合祀するようになったとされる。徳川時代に徳川家の尊崇を受けたことで、その信仰が広がった。道真公の遺徳を偲んで、学者や文人が数多く訪れた。享保の時代になると、富籤の興行をやるようになり、谷中感応寺や目黒滝泉寺とともに「三富」と呼ばれた。

◆ 手軽な観光地だった王子

　江戸の町に多いものとして、「伊勢屋、稲荷に犬の糞」と言われた。それほど、稲荷神を祀る稲荷神社が江戸には多く生まれた。稲荷神は当初、農業神だったが、やがて商売の神として信仰を集めるようになった。それが、江戸で流行した原因である。江戸の稲荷の代表となったのが、北区の王子稲荷神社である。関東八州の稲荷の総社ともされ、2月の初午には大いににぎわった。浮世絵にも多く描かれたが、近くの飛鳥山は、江戸で一番の花見の名所として知られた。江戸庶民は、花見をとても楽しみにしていて、その際には着飾ってでかけた。なかには仮装する者もいた。その点では、今日のハロウィーンに通じるものがあった。

王子稲荷神社
現在の社殿は文政5年（1822）の再建。拝殿の奥には本宮、狐穴などがある。毎年2月の午の日には江戸時代より続く凧市が開かれ多くの人でにぎわう。

『江戸名所道戯尽 十六 王子狐火』（国立国会図書館蔵）。王子稲荷神社は東国三十三ヶ国稲荷総社とされる。狐たちの背後に王子稲荷神社が描かれている。

大晦日の夜に稲荷の使いである狐が関東中から集まるとの伝説が残る。

『東都名所芝赤羽根増上寺』(国立国会図書館蔵)。絵の右側が当時三田にあった有馬藩江戸上屋敷で、赤と青の旗の下に水天宮が祀られていた。

水天宮

文政元年(1818)、久留米藩主の有馬頼徳が江戸屋敷に分霊を勧請したのが起源。明治4年(1871)に青山、翌年には現在地へと移転した。安産、水難、水商売などのご利益で有名。

　徳川時代になると、江戸には各藩の大名屋敷が建てられた。そのなかには、領地と深いつながりのある神を祀るところもあり、それが後に庶民の信仰を集めるようになった例がある。代表的なものとして水天宮と虎ノ門の金刀比羅宮があげられる。前者は久留米藩主が久留米水天宮を勧請したもので、後者は丸亀藩主が勧請したものである。

金刀比羅宮

讃岐の金刀比羅大権現を勧請したもので、海上守護、大漁満足、五穀豊穣ほか幅広い御神徳で知られる。東京都港区虎ノ門のビル街の中に鎮座している。

『江戸名勝図会 虎の門』(国立国会図書館蔵)。丸亀藩江戸上屋敷内に祀られていた金刀比羅大権現は、月一回の縁日の日に公開され庶民の人気を集めていた。

江戸三大祭

◆ 江戸っ子と神田祭

「火事と喧嘩は江戸の華」とも言われたが、もう一つ盛んなのが祭だった。大きな神輿を担ぎ出す祭は江戸の特徴で、「江戸三大祭」と呼ばれた神田明神の神田祭、日枝神社の山王祭、富岡八幡宮の深川祭は江戸の祭の代表である。

神田明神は、祭神として大己貴命と少彦名命とともに平将門を祀る。そこには御霊信仰が見られ、将門の祟りを鎮めることが神田明神の大きな役割ともなった。神田祭は、京都の祇園祭や大阪の天神祭とともに「日本三大祭」に数えられることもあり、江戸を代表する祭である。

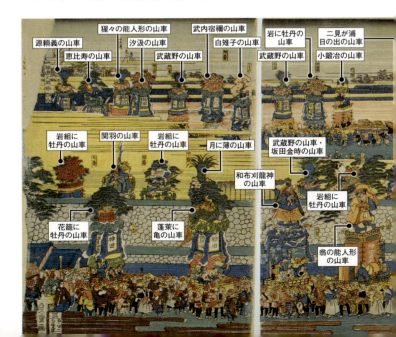

ただし、神田祭がどのような形ではじまったかについては確かな記録がない。家康が神輿を寄進したのがはじまりという説もある。かつての神田祭では、氏子町は神輿ではなく山車を出して、仮装行列などからなる附祭を行っていた。それが、交通に支障を来したり、震災や戦災で焼失したことで、神輿が中心となった。

神田祭の様子。鳥居をくぐった神輿が参道を駆け上がり宮入りする。江戸時代までは山車が出ていたが、現在は町神輿が主流となっている。

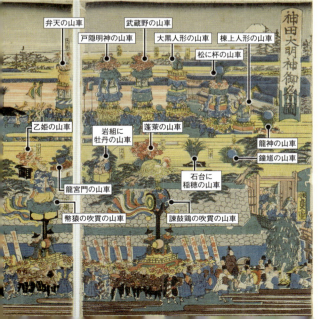

弁天の山車
戸隠明神の山車
武蔵野の山車
大黒人形の山車
棟上人形の山車
松に杯の山車
乙姫の山車
岩組に牡丹の山車
蓬莱の山車
龍神の山車
鐘馗の山車
龍宮門の山車
石台に稲穂の山車
幣猿の吹貫の山車
諫鼓鶏の吹貫の山車

『神田大明神御祭図』（国立国会図書館蔵）。戦国時代末期、徳川家康が神田明神に戦勝を祈願し、みごと天下統一を果たしたことで祭典規模が拡大したとも伝わる。

◆ もう一つの天下祭、山王祭

　山王祭が行われる日枝神社は、江戸を開いた太田道灌が川越の日枝神社を勧請したことにはじまる。家康が紅葉山に移し、江戸の鎮守となった。山王祭も、神田祭と同様に、現在では神輿が中心だが、かつては数多くの山車の出る祭だった。山車の数は45にも及び、それぞれを氏子町が担当した。その点では、かつての山王祭は、京都の祇園祭のような壮麗なものだった。現在でも山車は出るが、その数は5基と少なくなっている。その際には、御鳳輦2基と宮神輿1基が出て、行列は総勢500人に達する。

『江戸風俗十二ヶ月之内 六月山王祭』（国立国会図書館蔵）。山王とは日枝神社を指し、その祭礼は将軍が上覧する「天下祭」と呼ばれた。

山王祭。大掛かりな神幸祭は隔年開催だが、稚児行列や献茶式などは毎年行われる。

深川祭。毎年8月に行われ、神輿の担ぎ手に清めの水をかけることから「水掛け祭」の異名を持つ。3年に一度の鳳輦が渡御する年は本祭りと呼ばれ、50数基の神輿が出揃う。

◆ 深川の水掛け祭

　深川祭が行われる富岡八幡宮は、深川八幡宮とも呼ばれ、「深川の八幡様」として江戸庶民にも親しまれた。別当寺には永代寺があり、隣接する深川不動堂は、境内で行われた成田山新勝寺の出開帳から発展したものである。富岡八幡宮の祭礼である深川祭は、氏子町が50数基の神輿を担ぎ出すものだが、8月に行われるために暑く、暑さを避けるために水を神輿に掛けるようになったことで「水掛け祭」とも呼ばれるようになった。

葛飾北斎筆『東都名所一覧』（国立国会図書館蔵）より深川八幡祭礼。

狛犬・神使とは何か

◆ 狛犬

　神社の社頭に置かれていることが多いのが狛犬である。狛犬は、獅子のようでもあり、犬のようでもある。想像上の動物であり、その起源については諸説ある。高麗から伝来した高麗犬がはじまりともされ、平安時代の清涼殿にはすでに設置されていた。正面右が口を開き、左が閉じている阿吽の形で置かれることが多い。現在あるものはほとんどが石でできているが、かつては木製で、屋内に置かれていた。

狛犬の角…吽形で角があるのが狛犬、阿形で角のないのが獅子とされるが、例外も多い。

阿形と吽形…口を開けたのが阿形、閉じたものが吽形。

若宮神社（福岡県うきは市）の狛犬
狛犬には魔除けの力があるとされる獣形の像で、その起源はペルシャやインドにあると考えられている。

◆ さまざまな神使

　神は姿形を持たない存在であり、絵に描かれることも少ない。そこで、神に代わってその使いとなるのが神使である。稲荷神の使いが狐というのはよく知られているが、それぞれの神には特定の使いがいる。春日大社の鹿や天満宮の牛、日吉大社の猿、熊野三山の烏などがその代表である。神社の境内に、神使の石像が置かれていることが多い。

狐の親子の神使像。王子稲荷神社（東京都北区）。

阿吽の狛ネズミ。大豊神社（京都市左京区）。

手水舎の兎の神使像。調神社（埼玉県さいたま市）。

子ザルを抱えた神猿（まさる）像。日枝神社（東京都千代田区）。

菅公ゆかりの牛の神使。湯島天満宮（東京都文京区）。

狼の神使（大口真神（おおくちまがみ））。寶登山神社奥宮（埼玉県皆野町）。

第六章

分かたれる神と仏

国家神道を推し進めた明治政府は神仏分離令を布告。神仏習合が当たり前だった時代は去り、神社内の仏像や仏教施設の多くが失われた。また、大東亜戦争後はGHQが「神道指令」を発し、国家神道は解体された。

明治神宮…大正9年（1920）、明治天皇と昭憲皇太后ゆかりの地に創建された。境内は延べ10万人余りの青年団の勤労奉仕によって整備された。

Outline ▶ 神社と神道の歴史⑥
近代

◆ 明治維新と神社

　明治への時代の転換は、神社のあり方を根本から変えた。もっとも大きかったのは、神仏分離の政策がとられたことで、神道と仏教、神社と寺院が分離されたことである。さらに、明治新政府には、国学者や復古神道家がかかわったこともあり、神道を政治の中心に据えようとする試みも行われた。そのため、神社には国家から経済的な支援が行われ、大幅に増えた神職は官吏の役割を担った。戊辰戦争の戦没者を祭神として祀る招魂社や、「建武の新政」をたたえる建武中興十五社の設立など、戦後、「国家神道」と呼ばれるようになる政治と深く結びついた神道のあり方が近代日本の特徴ともなっていった。

『皇国紀元二千六百年史』（国立国会図書館蔵）より「明治天皇御尊影」。第122代明治天皇は、王政復古の大号令により中央集権体制の確立を推進。文明開化や日清・日露戦争など、激動の明治を現人神として生きた。

二代歌川豊国筆『名勝八景鎌倉晩鐘』(国立国会図書館蔵)。鎌倉の鶴岡八幡宮は、江戸時代まで鶴岡八幡宮寺という名の寺だったが、明治3年(1870)の廃仏毀釈で主だった仏堂は破壊されてしまった。

『近畿名勝写真帖』(国立国会図書館蔵)より明治時代の八坂神社。明治元年(1868)まで八坂神社は祇園感神院とも称しており、極めて神仏習合色の強い社だった。

◆ 戦後の神社と神道

　日本が「大東亜戦争」と呼んだアメリカなどとの戦争は敗戦に終わる。近代に入ってからの日本は「富国強兵」を掲げ、社会の近代化をはかるとともに、軍備の拡張を続け、欧米列強に匹敵する軍事力を備えていった。しかし、資源に恵まれない日本が、資源を依存している国を相手に戦争に勝てるわけはなく、GHQによる占領という事態を招く。GHQは、日本が無謀な戦争に出た背景に国家と宗教が結びついた国家神道の影響が強かったととらえ、その解体を推し進めた。その結果、神社は、皇室と深い結びつきを持つ伊勢神宮や靖國神社さえ国からの支援を失うこととなった。事態の急速な変化に危機を感じた神社界では、国家機関として神祇院の設立などを目指そうとするが、GHQはそれを許さず、民間の宗教法人として神社庁を創設する方向に向かわざるを得なかった。

招魂社と建武中興十五社

◆ 東京招魂社から靖國神社へ

招魂社のはじまりは、長州藩が下関戦争での戦没者を祀る桜山招魂場を建立したことにはじまる。京都では、亡くなった志士たちを祀るものとして東山に招魂社が作られた。現在の京都霊山護国神社である。東京では、明治2年（1869）に戊辰戦争での戦没者を祀るために東京招魂社が九段坂上に設けられた。そこには西南戦争の戦没者も祀られ、明治12年には靖國神社と改称された。靖國神社は、官軍の戦没者だけを祀る宗教施設だったが、日本が日清・日露戦争で対外戦争に打って出ると、そうした戦争での戦没者も祀られるようになる。それによって靖國神社は国家の慰霊施設としての性格を備えるようになり、戦争をくり返すごとに、祀られる戦没者は増加した。戦没者は英霊と呼ばれ、神として祀られた。

靖國神社
明治2年、明治維新の殉難者3588柱を祀るため東京招魂社として創建された。現在は、日清、日露、太平洋戦争などの戦没者約246万人を祀る。東京都千代田区に鎮座。

『日本百景 上』（国立国会図書館蔵）より「東京九段坂上招魂社」。明治29年（1896）に発行された名勝ガイドに掲載されたもので、当時は「招魂社」の呼称が定着していたことがわかる。

◆ 建武中興十五社とは

　明治維新は、尊皇攘夷のスローガンのもとに敢行され、徳川幕府を打倒することによって、天皇が直接に支配する「天皇親政」の実現を目標とした。その際にモデルとなったのが、後醍醐天皇による「建武の中興」だった。これは、鎌倉幕府を打倒することで、天皇が武士に代わり政治の表舞台に戻る試みであり、それは「建武の新政」とも呼ばれた。

　建武の中興を実現するにあたっては、天皇に対して忠誠を尽くす多くの忠臣が生まれた。明治においては、そうした忠臣を祀る神社が各地に次々と創建されていった。その総称が「建武中興十五社」である。

建武中興十五社

社名	主祭神	所在地
吉野神宮	後醍醐天皇	奈良県吉野町
鎌倉宮	護良親王	神奈川県鎌倉市
井伊谷宮	宗良親王	静岡県浜松市
八代宮	懐良親王	熊本県八代市
金崎宮	尊良親王・恒良親王	福井県敦賀市
小御門神社	藤原師賢公	千葉県成田市
菊池神社	菊池武時公・菊池武重公・菊池武光公	熊本県菊池市
湊川神社	楠木正成公	神戸市中央区
名和神社	名和長年公	鳥取県大山町
阿部野神社	北畠親房公・北畠顕家公	大阪市阿倍野区
藤島神社	新田義貞公	福井県福井市
結城神社	結城宗広公	三重県津市
霊山神社	北畠親房公・北畠顕家公・北畠顕信公・北畠守親公	福島県伊達市
四條畷神社	楠木正行公	大阪府四條畷市
北畠神社	北畠顕能公・北畠親房公・北畠顕家公	三重県津市

『大日本歴史錦繪』(国立国会図書館蔵)より「楠公記吉野合戰」。

　建武の中興における忠臣の代表となるのが楠木正成である。正成がどういった生まれであったかは必ずしも明らかになっていないが、その活躍は『太平記』などの軍記物に詳しく語られ、広く知られるようになった。正成を祀るのが神戸市の湊川神社で、明治の社格制度では「別格官幣社」とされた。大阪府の四条畷神社では、正成の子で、父ともに足利尊氏と戦った正行が祀られている。

『武者鑑 一名人相合 南伝二』より「楠判官正成」。

湊川神社
明治元年（1868）、楠木正成公の墓があった地に明治天皇の御沙汰により創建された。境内には正成公の殉節地や御墓所、徳川光圀公が建てた楠公墓碑などがある。

『大日本歴史錦絵』（国立国会図書館蔵）より「元弘二年五月新田義貞鎌倉合戦」。

建武の中興の立役者の一人となったのが、河内源氏の新田義貞であった。江戸時代に、義貞が着用していた兜が発見され、そこに新田塚が設けられた。後には藤島神社に改められ建武中興十五社にも含まれた。義貞の次男で、やはり南朝の忠臣として活躍した義興を祀るのが東京都大田区にある新田神社である。近隣の住民が、義興の墳墓の前に神社を創建したのが、新田神社のはじまりである。

『武者鑑 一名人相合 南伝二』（国立国会図書館蔵）より「新田左中将義貞」。

藤島神社
建武中興十五社の一つで、主祭神は新田義貞公。義貞の兜が発見された地に福井藩主松平光通が建てた石碑が起源。明治９年（1876）の創建で、明治34年に現在地に遷座。

158　分かたれる神と仏

吉野神宮
明治天皇により創建された後醍醐天皇を祀る神宮。境内には日野資朝、児島高徳ら建武中興の功臣7柱を祀る3つの摂社がある。

八代宮
南北朝時代に征西将軍として活躍した懐良親王や良成親王を祀る。明治13年（1884）創建。

阿部野神社
明治18年（1885）、明治天皇の勅許により北畠顕家公が足利軍と戦った古戦場および墓所があった地に創建された。大阪市阿倍野区に鎮座。

　建武中興十五社のうち、明治22年(1889)に創建された奈良県吉野郡の吉野神宮では後醍醐天皇を祀る。他に、親王を祀ったところとしては、護良親王の鎌倉宮、宗良親王の井伊谷宮、懐良親王の八代宮、尊良親王と恒良親王の金崎宮がある。いずれも、後醍醐天皇の皇子である。北畠親房とその子、顕家を祀る神社は3社にも及び、阿部野神社、霊山神社、北畠神社がある。

全国に祀られた戦国武将

◆ 近代になって祀られた武将たち

　人を神として祀る風習自体は古くからあるものの、武将に関しては、豊臣秀吉と徳川家康が、それぞれ豊国神社と日光東照宮に祀られて以降、頻繁に見られるようになる。江戸時代に各藩が、藩の創始者と言える武将を祀ることも多く試みられた。それが、明治に入るとさらに加速され、各地で戦国武将を神として祀るようになっていく。

　そこには、国家を安定させる上で、地方の安定が欠かせないという政治的な事情もかかわっていただろうが、日本が対外戦争に打って出るようになる上で、戦場に送られる兵士のモデルとして武将の遺徳を顕彰する必要があると判断されたからでもある。明治に創建された戦国武将を祀る神社は少なくない。代表的なものの一つが、武田信玄を祀る山梨県甲府市の武田神社である。

『大日本歴史錦絵』（国立国会図書館蔵）より「川中嶋大合戦之圖」。

武田神社が創建されるにあたっては、地元の熱意が大きかった。神社創建のための募金も行われ、大正時代に創建された。武田信玄と川中島の合戦で戦った上杉謙信の場合には、江戸時代に山形県米沢市に廟堂に祀られていたのを、明治に入って上杉神社に改められた。伊達政宗公を祀る仙台市の青葉神社も明治に入って、住民の運動によって創建されたものである。

武田神社
大正8年（1919）、信虎・信玄・勝頼の武田三代が居住した躑躅ヶ崎館跡に創建された。4月の例祭では武田二十四将騎馬行列が行われる。

上杉神社
明治9年（1876）、上杉謙信、上杉鷹山を祭神として米沢城本丸跡に創建された。現在、上杉鷹山は摂社の松岬神社に祀られている。

青葉神社
明治7年（1874）、仙台藩祖の伊達政宗公（神号は武振彦命（たけふるひこのみこと））を御祭神として創建。毎年5月に開催される青葉まつりは、仙台の初夏の風物詩になっている。

開拓地に祀られた神々

◆ 北海道開拓と神社

　北海道は、江戸時代が終わるまで、その南部が松前藩の領地となっていた。その時代に創建された神社もあったが、その数は100社程度と少なかった。それが、明治2年（1869）に北海道開拓使が置かれ、本格的な北海道の開拓が行われるようになると、本土からの移民が北海道の各地に進出し、それにともなって次々と神社が創建されていった。ただ、鳥居を設けただけの簡素な神社が少なくなかった。そのなかで、明治4年に札幌に創建されたのが札幌神社で、これが今日の北海道神宮である。祭神は「開拓三神」と言われた大国魂神、大那牟遅神、少彦名神だった。神宮と改称されるのは、明治天皇を祭神に加えた昭和39年（1964）からのことである。

北海道神宮
明治天皇の詔（みことのり）により、北海道の開拓・発展の守護神として創建された。約18万平方mを誇る境内地は桜の名所として知られる。

上川神社
明治 26 年（1893）、上川地方の開拓の守護神として創建された。祭神は天照皇大御神、大己貴大神、少彦名大神。北海道旭川市に鎮座。

室蘭八幡宮
明治元年（1868）に誉田別尊（ほんだわけのみこと）を奉斎したのが起源。明治 8 年に近隣の 2 社の御祭神だった保食神（うけもちのかみ）、琴平神（ことひらのかみ）を合祀し現在地に遷座した。

　函館にある函館八幡宮は、文安2年（1445）に亀田郡の領守であった河野加賀守政通が館を築いた際に、その東南隅に八幡神を祀ったことにはじまる。八幡神は武家の神として広く信仰されてきた。現在地に移ったのは明治に入ってからのことで、国幣小社から国幣中社に昇格している。

　この函館八幡宮から八幡神を勧請した神社が北海道内にいくつか存在している。石狩市の石狩八幡神社もその一つで、明治に入って現在地に遷座している。室蘭市の室蘭八幡宮も函館八幡宮の祭神を明治元年（1868）に勧請して生まれた神社である。漂着した鯨を売却した金で社殿を建てたことから、「鯨八幡」とも称される。小樽市に鎮座する住吉神社は、底筒男神、中筒男神、表筒男神、息長帯姫命（神功皇后）からなる住吉神を祀るが、これを勧請したのは、函館八幡宮の神主であった菊地重賢という人物であった。

天皇を祀る神社

◆ ゆかりの地に祀られた天皇

　明治に入るまでも、各地に神武天皇をはじめ代々の天皇を祀る神社が存在した。明治に入ると、そうした神社に対しては「神宮号」が授けられるようになるとともに、天皇ゆかりの地に新たに神宮を祀ることが行われるようになる。その代表が奈良の橿原神宮で、隣接する神武天皇陵が比定されたことをきっかけに、明治23年（1890）に創建されている。京都の平安神宮の創建は明治28年で、平安京を開いた桓武天皇と明治天皇の父である孝明天皇が祭神として祀られた。天智天皇を祭神とする近江神宮になると、その創建は昭和15年（1940）のことで、かなり新しい。神宮と呼ばれるもののなかには、他に記紀神話に登場する神々を祀っているところが多い。

本殿は京都御所の賢所を、神楽殿は同神嘉殿を移築したもの。

橿原神宮
神武天皇が即位したと伝わる奈良県橿原市久米町の畝傍橿原宮（うねびのかしはらのみや）旧址に鎮座。

平安神宮
幕末の動乱などで荒廃した京都復興の象徴として創建された。

社殿は、かつて平安京の中心であった朝堂院（大内裏の政庁）を復元したもの。

近江神宮
天智天皇が遷都した大津宮（おおつのみや）の跡地と推定される滋賀県大津市の宇佐山山麓に鎮座。境内には、祭神が水時計を初めて使用したことにちなんだ時計館宝物館がある。

隠岐神社
後鳥羽天皇の崩御700年にあわせて昭和14年（1939）に創建された。境内には後鳥羽天皇が19年を過ごした行在所跡、後鳥羽天皇御火葬塚などがある。

写真提供：海士町観光協会

◆ 紀元2600年

　明治になって定められた紀年法に「紀元」がある。これは、神武天皇即位紀元とも呼ばれ、紀元前660年にはじまるとされた。紀元を大々的に祝ったのが、昭和15年（1940）の「紀元2600年」であり、各地で盛大な祝典が開かれるとともに、それを記念した建築物も誕生した。宮崎市の「八紘一宇之碑」もその一つである。

　近江神宮が昭和15年に創建されたのも、紀元2600年に際してであった。隠岐諸島にある隠岐神社も同様で、そこが後鳥羽天皇の配流の地だったからである。もう一つ注目されるのがパラオ共和国コロール島アルミズ高地にこの年創建された南洋神社である。そこは日本統治下にあり、南洋庁がおかれていた。南洋神社は天照大神を祭神としており、壮大な社殿を誇っていたが、日本が戦争に敗れると廃社となっている。

◆ 明治神宮の創建

　明治神宮は東京都内でもっとも規模の大きな神社で、現在では鬱蒼とした杜に包まれている。そのたたずまいからすれば、相当に昔から鎮座しているようにも思えてくるが、明治神宮の創建は大正9年（1920）のことである。

　明治天皇が崩御された後には、記念事業の構想が持ち上がったが、当初から神社の建設が目指されたわけではなかった。銅像や記念館、文化施設の建設なども構想にのぼった。神社に決まった後には、東京以外の場所でも招致合戦がくり広げられた。最終的に、内苑は代々木御料地に、外苑は青山練兵場に建設されることとなった。創建される前の代々木御料地は御苑一帯を除き原野の状態にあった。神宮創建にあたっては、「明治神宮造営局」が設けられ、将来にわたる樹木の変遷を予測し、植栽計画がたてられた。国民は献木を行うとともに、勤労奉仕を行い、それによって明治神宮が誕生したのである。

明治神宮
明治天皇と昭憲皇太后を祀る神宮で、創建時には全国から10万本の木が献納された。初詣の参拝者数は毎例300万人超を誇る。

明治神宮の鳥居と参道。まるで自然林のように見える神苑は人工の杜で、創建時にはのべ約11万人もの奉仕団が造営に携わった。

日清・日露戦争の英雄たち

◆ 祀られた軍神たち

　古来、「軍神」という考え方がある。これは、日本に限らず世界各国に見られるもので、ギリシアではアレスが軍神とされた。日本では、八幡神がその代表だが、日清・日露戦争が終結すると、二つの戦争において活躍した人物を祀る神社が次々と創建されていった。

　なかでも名高いのは、明治天皇が崩御された際、殉死をとげた乃木希典(のぎまれすけ)将軍と静子夫人を祀る乃木神社である。乃木神社は乃木の邸宅に隣接する形で創建された。

　神奈川県藤沢市江の島の児玉神社は、陸軍大学校長、台湾総督、陸相などを歴任した陸軍軍人にして政治家、児玉源太郎を祀る。日清・日露戦争では児玉が事実上の軍師として日本を勝利させた。明治45年(1912)に墨田区の向島から遷座。鎮座地は島内の、児玉が生前好んで訪れた場所にある。

乃木神社のご祭神である乃木希典。

乃木神社
乃木夫妻が殉死した邸宅の隣（東京都港区赤坂）に鎮座。同社のほか、縁の深い土地である下関や別邸のあった那須塩原などにも乃木神社がある。

児玉神社

陸軍大将の児玉源太郎を祀る。台湾総督として善政を施したため、社殿の用材や燈籠、鳥居、狛犬などは台湾から寄進されている。現在、社殿修復中。

写真提供〈藤沢市〉

『近世名士写真 其1』（国立国会図書館蔵）より児玉源太郎。

　もう一つ、渋谷区神宮前にある東郷神社は、日露戦争における日本海海戦で日本を勝利に導いた東郷平八郎を祀っている。東郷自身は、生前に、自らの死後に神として祀る計画があると聞いて拒絶したが、東郷神社が創建された。ほかに、福岡県福津市に東郷神社が建てられている。これは東郷と親交のあった獣医師が構想したものだが、創建は昭和46年（1971）と遅い。

『近世名士写真 其1』（国立国会図書館蔵）より東郷平八郎。

東郷神社

日露戦争でロシア艦隊を破り名将とうたわれた海軍元帥の東郷平八郎を祀る。日本海海戦にちなんで毎年5月28日に例祭が行われる。

Close UP

その他の 神になった偉人たち

◆ 国家の礎を築いた人々

　近代に入ってから、さまざまな人物が神として祀られるようになった。松陰神社は、山口県萩市と世田谷区にあるが、幕末の思想家・教育者で、松下村塾を作り伊藤博文や山県有朋などを育てた吉田松陰を祀った神社である。松陰の生まれは長州（山口）だが、世田谷には長州藩の別邸があった。どちらも、松陰だけではなく、松下村塾の塾生を祭神として合わせて祀っている。

　鹿児島市の南洲神社は、明治維新で功績があり、明治新政府でも活躍したものの、西南戦争の指導者として敗れ、自ら命を絶った西郷隆盛を祀っている。政府に逆らった逆臣とされたため、隆盛は靖國神社には祀られていない。

『近世名士写真 其2』（国立国会図書館蔵）より吉田松陰。討幕を唱えるも、明治維新を見ることなく安政の大獄により獄中で刑死した。

松陰神社（世田谷区）
安政の大獄で刑死して小塚原の回向院に葬られた吉田松陰を、塾生らが文久3年（1863）に長州藩主の別邸内に改葬し、明治15年（1882）に社殿を創建したことにはじまる。

『近世名士写真 其1』(国立国会図書館蔵)より西郷隆盛。

南洲神社
明治13年(1880)に設置された参拝所がはじまりで、大正11年(1922)に南洲神社として認定された。西南戦争の戦死者が眠る南洲墓地の隣に鎮座。

　小田原市の報徳二宮神社に祀られているのは、二宮金治郎として知られる二宮尊徳である。尊徳は、「報徳仕法」という独自のやり方で、藩や地域の建て直しに尽力した。そうした尊徳の考え方は「報徳思想」と呼ばれるようになり、多くの信奉者を生んだ。そうした人々のなかから、死後に尊徳を神社に祀る構想が生まれ、明治27年(1894)に報徳二宮神社が創建された。

報徳二宮神社
明治27年(1894)、幕末の農政家二宮尊徳を祀る社として創建。拝殿の礎石には、尊徳翁にゆかりのある小田原城内の米蔵の礎石が用いられている。

栃木県真岡市にある「二宮尊徳先生 回村の像」。

現代の神社事情

　これまで見てきたように、時代の移り変わりとともに、神社信仰はその姿を変えてきた。では、現代という時代において、神社と神職、そして信仰の形はどのような形をとっているのだろうか。少子高齢化や地方の人口減少など現代における神社の在り方について、神社関係者2人に話を聞いてみた。

Q.1　どのような神社ですか？

A 島根県の喜阿弥八幡宮という神社です。八幡神を祀る神社で創建は安土桃山と聞いています。家は神社の収入のみで生計を立てています。神道の影響が強い地域なので、氏子さんの数も多いです。

B 青森県の根岸八幡宮という神社で創建は永正3年（1506）です。神主は教員をしており、人口が少ない地域なので、六社を兼務しています。一説には日本の神社の数8万社に対して、神主は1万人ほどしかいないと言われており、社の数に対して神主が圧倒的に足りないのが現状です。

Q.2 神社の後継者問題について教えてください。

A 神社の後継者がいないというのは、その家だけの問題ではなく、地域の氏子さんたちにも関わる問題なのです。法事や七五三など、冠婚葬祭に神社が関わってきた地域の人たちにとって、後継者問題は大きな関心ごとです。その分見えないプレッシャーもあります。

Q.3 神職になるにはどうすればよいのでしょう?

A 養成所に入り、研修を受けます。その課程を修了したうえで、検定試験に合格すればなれます。

B 養成所のほかにも、そういった課程を持っている大学で講習を受け、試験に合格すればなれます。いずれにせよ宮司からの推薦がないと入れないので、基本的には、実家が神社の人間になってきますね。

Q.4 近年、変わってきたなと思うことを教えてください。

B 御朱印ですね。御朱印のない神社もあったのですが、参拝される方に聞かれることが多いので作成しました。40〜50代の女性が多く、スタンプラリー感覚で集めている方もいるようです。御朱印のデザインを色々と変えてバリエーションを持たせる神社もあるようです。

巻末付録

日本史×神道（神社）史 対照年表

p.176 〜 181

掲載神社マップ

p.182 〜 185

掲載神社索引

p.186 〜 187

日本史×神道(神社)史　対照年表

時代区分	年代	出来事	
縄文時代	紀元前667	神日本磐余彦尊(後の神武天皇)、東征を開始	神武天皇年間 鹿兒島神宮創建
縄文時代	神武天皇元年(紀元前660)	神武天皇即位	崇神天皇7年(前91) 石上神宮創建 日吉大社創建
弥生時代	崇神天皇元年(紀元前97)	崇神天皇即位	崇神天皇65年(前33) 熊野本宮大社創建
弥生時代	崇神天皇10年(紀元前88)	四道将軍、北陸、東海、西道、丹波に派遣	垂仁天皇3年(前27) 富士山本宮浅間大社創建
弥生時代	垂仁天皇86年(57)	倭の奴国王が後漢に使いを送る	垂仁天皇25年(前5) 天照大御神、伊勢に鎮座
弥生時代	景行天皇27年(97)	日本武尊、熊襲征伐へ	垂仁天皇26年(前4) 伊勢神宮(内宮)創建
弥生時代	景行天皇40年(110)	日本武尊、蝦夷征伐へ	景行天皇41年(111) 大國魂神社創建
弥生時代	景行天皇43年(113)	日本武尊、能褒野の地で薨去	景行天皇58年(128) 熊野速玉大社創建
弥生時代	成務天皇3年(133)	武内宿禰が大臣に	
弥生時代	仲哀天皇元年(192)	仲哀天皇即位	
弥生時代	2世紀末	邪馬台国成立	仲哀天皇8年(199) 氣比神宮創建
弥生時代	仲哀天皇9年(200)	神功皇后、新羅遠征	神功皇后摂政11年(211) 住吉大社創建
弥生時代	神功皇后摂政38年(239)	邪馬台国の卑弥呼が魏に遣使	
弥生時代	応神天皇元年(270)	応神天皇即位	
古墳時代	3世紀後半	古墳文化が起こる	仁徳天皇5年(317) 熊野那智大社創建
古墳時代	仁徳天皇60年(372)	百済王世子から七支刀が贈られる	
古墳時代	雄略天皇元年(457)	雄略天皇即位	雄略天皇2年(458) 湯島天満宮創建
古墳時代	雄略天皇22年(478)	雄略天皇、宋に使いを送る	雄略天皇22年(478) 伊勢神宮(外宮)創建
古墳時代	継体天皇6年(513)	儒教伝来	継体天皇8年(514) 物部神社創建
古墳時代	宣化天皇3年(538)	仏教伝来	欽明天皇元年(540) 霧島神宮創建
古墳時代	用明天皇2年(587)	蘇我氏が物部氏を滅ぼす	
飛鳥時代	推古天皇元年(593)	聖徳太子が摂政となる	推古天皇元年(593) 嚴島神社創建 推古天皇2年(594) 大山祇神社創建
飛鳥時代	推古天皇8年(600)	第一回遣隋使派遣	
飛鳥時代	推古天皇11年(603)	冠位十二階制定	
飛鳥時代	推古天皇15年(607)	第二回遣隋使派遣	推古天皇の御代 出羽三山神社創建

時代	年	出来事	関連事項
飛鳥時代	推古天皇16年(608)	第三回遣隋使派遣	
	舒明天皇2年(630)	第一回遣唐使派遣	
	大化元年(646)	大化の改新	斉明天皇2年(656) 八坂神社創建 斉明天皇4年(658) 古四王神社創建
	天智天皇2年(663)	白村江の戦い	
	天智天皇7年(668)	天智天皇即位	
	天武天皇元年(672)	壬申の乱	天武天皇7年(678) 上賀茂神社創建
	天武天皇2年(673)	天武天皇即位	大宝元年(701) 松尾大社創建
	大宝元年(701)	大宝律令制定	
	慶雲5年・和銅元年(708)	和同開珎が鋳造される	和銅年間(708～715) 伏見稲荷大社創建
奈良時代	和銅3年(710)	平城京に遷都	和銅5年(712) 『古事記』成立
	養老8年・神亀元年(724)	聖武天皇即位	養老4年(720) 『日本書紀』成立 神亀2年(725) 宇佐神宮創建
	天平13年(741)	聖武天皇、国分寺建立の詔を発布	
	天平15年(743)	聖武天皇、大仏造立を発願	天平2年(730) 神田明神(神田神社)創建
	宝亀12年・天応元年(781)	桓武天皇即位	神護景雲2年(768) 春日大社創建
	延暦3年(784)	長岡京遷都	神護景雲3年(769) 和気清麻呂が宇佐神宮の神託をもって道鏡の野望を阻止
	延暦7年(788)	最澄が比叡山を開山	
	延暦11年(792)	桓武天皇、健児制を新設	
平安時代	延暦13年(794)	平安京遷都	延暦3年(784) 大原野神社創建
	延暦16年(797)	坂上田村麻呂、征夷大将軍に任命	
	8世紀後半	『万葉集』成立	
	延暦21年(802)	坂上田村麻呂、蝦夷を降伏させる	延暦23年(804) 皇太神宮儀式帳』成る
	弘仁7年(816)	空海が高野山を開山	斉衡3年(856)大洗磯前神社・酒列磯前神社創建
	貞観8年(866)	藤原良房が摂政となる	
	仁和3年(887)	藤原基経が関白となる(摂関政治の開始)	貞観2年(860)石清水八幡宮創建
	寛平6年(894)	菅原道真、遣唐使の廃止を提唱	
	昌泰4年(901)	菅原道真、大宰府に左遷される	

	年号	出来事	関連事項
	延喜3年(903)	菅原道真、左遷先の大宰府にて薨去	延喜19年(919)太宰府天満宮創建
	承平5年(935)	平将門の乱	延長5年(927)『延喜式』の制定
	天慶2年(939)	藤原純友の乱	天暦元年(947)北野天満宮創建
	長和5年(1016)	藤原道長が摂政となる	
	永承6年(1051)	前九年の役	長保3年(1001)金刀比羅宮創建
	永保3年(1083)	後三年の役	康平6年(1063)鶴岡八幡宮創建
	応徳3年(1086)	白河天皇、院政を開始	
	久寿3年・保元元年(1156)	保元の乱	永保元年(1081)二十二社制度が確立
	保元4年・平治元年(1159)	平治の乱	
	仁安2年(1167)	平清盛が太政大臣となる	
	元暦2年・文治元年(1185)	壇ノ浦の戦い	
鎌倉時代	同年	鎌倉幕府成立	
	建久3年(1192)	源頼朝が征夷大将軍に任命される	建久2年(1191)赤間神宮創建
	承久3年(1221)	承久の乱	寛喜4年・貞永元年(1232)御成敗式目制定
	文永11年(1274)	蒙古襲来(文永の役)	
	弘安4年(1281)	蒙古襲来(弘安の役)	
	永仁5年(1297)	徳政令発令	
	元弘3年・正慶2年(1333)	鎌倉幕府滅亡	元応2年(1320)度会家行『類聚神祇本源』成る
建武の新政	元弘4年・建武元年(1334)	建武の新政	
室町時代	建武3年・延元元年(1336)	室町幕府成立	建武3年(1336)建武式目制定
	延元3年・建武5年・暦応元年(1338)	足利尊氏が征夷大将軍に任命される	延元4年・暦応2年(1339)北畠親房『神皇正統記』成る
	天授4年・永和4年(1378)	足利義満、室町に幕府を移す	
	応永11年(1404)	足利義満、日明貿易を開始	
	正長元年(1428)	正長の土一揆	
	正長2年・永享元年(1429)	琉球が尚氏によって統一される	

時代	年	出来事	関連事項
室町時代	文正2年・応仁元年(1467)	応仁の乱起こる	文安2年(1445) 函館八幡宮創建
	文明17年(1485)	山城国一揆	文明16年(1484) 吉田兼倶『唯一神道名法要集』成る
	長享2年(1488)	加賀一向一揆	
	天文12年(1543)	鉄砲伝来	
	天文18年(1549)	キリスト教伝来	
	永禄11年(1568)	織田信長、将軍足利義昭を奉じて入京	
	元亀4年・天正元年(1573)	室町幕府滅亡	
安土桃山時代	天正10年(1582)	本能寺の変	
	同年	太閤検地、石高制を確立	
	天正14年(1586)	豊臣秀吉が関白となる	
	天正15年(1587)	バテレン追放令	
	天正16年(1588)	刀狩令	
	天正18年(1590)	豊臣秀吉、全国を統一	
	文禄元年・万暦20年・宣祖25年(1592)	文禄の役	
	慶長2年(1597)	慶長の役	慶長4年(1599) 豊臣秀吉に豊国大明神の神号を追贈 豊国神社創建
	慶長5年(1600)	関ヶ原の戦い	
江戸時代	慶長8年(1603)	徳川家康が征夷大将軍に任命される	
	同年	江戸幕府成立	
	慶長17年(1612)	禁教令	
	慶長20年・元和元年(1615)	大阪夏の陣で豊臣氏が滅亡	元和3年(1617) 徳川家康に東照大権現の神号を追贈 日光東照宮創建
	寛永14年(1637)	島原の乱	
	寛永16年(1639)	ポルトガル船の来航を禁止(鎖国の完成)	寛永15年(1638) 林羅山『本朝神社考』成る
	寛永18年(1641)	オランダ商館を出島に移す	慶安3年(1650) 慶安のお蔭参り
	寛文9年(1669)	シャクシャインの戦い	寛文元年(1661) 亀戸天神社創建 寛文5年(1665) 諸社禰宜神主法度制定
	延宝8年(1680)	徳川綱吉の文治政治	
	元禄15年(1702)	赤穂浪士の討ち入り事件が起きる	貞享4年(1687) 祐徳稲荷神社創建
	宝永6年(1709)	新井白石が登用される	
	享保元年(1716)	徳川吉宗の享保の改革	宝永2年(1705) 宝永のお蔭参り

時代	年	出来事	備考
江戸時代	明和9年・安永元年（1772）	田沼意次が老中となる	明和6年（1769）賀茂真淵『国意考』成る 明和8年（1771）明和のお蔭参り
	天明7年（1787）	松平定信の寛政の改革	
	文化5年（1808）	イギリス軍艦フェートン号が長崎港侵入	寛政10年（1798）本居宣長『古事記伝』成る
	文政8年（1825）	異国船打払令	文化8年（1811）平田篤胤『古道大意』成る 文化9年（1812）平田篤胤『霊能真柱』成る
	天保8年（1837）	大塩平八郎の乱	
	天保12年（1841）	水野忠邦の天保の改革	文政13年・天保元年（1830）文政のお蔭参り
	嘉永6年（1853）	ペリー来航	
	嘉永7年（1854）	日米和親条約を締結	
	安政5年（1858）	日米修好通商条約を締結	
	同年	安政の大獄	
	安政7年（1860）	桜田門外の変	
	文久元年（1862）	生麦事件	
	文久2年（1863）	薩英戦争	
	元治元年（1864）	四国艦隊に長州の下関砲台が占拠される	
	慶応2年（1866）	薩長同盟成立	
	慶応3年（1867）	大政奉還	慶応4年・明治元年（1868）神祇官が再興される 神仏判然令を布告
	慶応4年・明治元年（1868）	鳥羽・伏見の戦い	
明治時代	同年	明治維新	明治2年（1869）明治天皇が伊勢神宮参拝、招魂社創建（後の靖國神社）
	明治2年（1869）	版籍奉還	
	明治4年（1871）	廃藩置県	明治4年（1871）「官社以下定額・神官職制等規則」により近代社格制度が制定
	明治6年（1873）	徴兵令	
	明治10年（1877）	西南戦争	
	明治22年（1889）	大日本帝国憲法発布	明治23年（1890）橿原神宮創建
	明治23年（1890）	教育勅語発布	
	明治27年（1894）	日清戦争	明治28年（1895）平安神宮創建
	明治35年（1902）	イギリスと日英同盟を結ぶ	
	明治37年（1904）	日露戦争	
大正時代	大正3年（1914）	日本が第一次世界大戦に参戦	
	大正7年（1918）	米騒動	
	大正9年（1920）	国際連盟に加盟、日本は常任理事国となる	大正9年（1920）明治神宮創建

	大正12年(1923)	関東大震災
	大正14年(1925)	普通選挙法が成立
昭和時代	昭和6年(1931)	満州事変
	昭和7年(1932)	満州国建国
	同年	五・一五事件
	昭和8年(1933)	日本が国際連盟を脱退
	昭和11年(1936)	二・二六事件
	昭和12年(1937)	日中戦争
	昭和13年(1938)	国家総動員法成立
	昭和15年(1940)	日独伊三国軍事同盟を締結
	昭和16年(1941)	大東亜戦争(太平洋戦争)
	昭和18年(1943)	大東亜会議
	昭和20年(1945)	第二次世界大戦締結
	昭和21年(1946)	日本国憲法公布
	昭和25年(1950)	GHQの指令で警察予備隊が新設される
	昭和26年(1951)	日米安全保障条約締結
	昭和27年(1952)	サンフランシスコ講和条約発効
	昭和31年(1956)	日ソ共同宣言
	同年	日本が国際連合に加盟
	昭和35年(1960)	日米安保条約改定
	昭和39年(1964)	東海道新幹線開通
	同年	東京オリンピック開催
	昭和40年(1965)	日韓基本条約
	昭和47年(1972)	沖縄が本土に復帰
	同年	日中共同声明に調印
	昭和48年(1973)	第1次オイルショック
	昭和53年(1978)	日中平和友好条約締結
	昭和64年(1989)	昭和天皇、崩御

― 昭和15年(1940) 近江神宮創建

― 昭和20年(1945) GHQの神道指令
― 昭和21年(1946) 神社本庁発足

掲載神社マップ 東日本

- このページでは、本書に掲載した神社の所在地をマップ上に示しています。
- 同じ地域に鎮座している神社については、まとめて表示している場合もあります。
- 社名右に表示した「p.〜」は掲載ページです。

(53)生島足島神社 …… p.18
(54)諏訪大社 …… p.34
(55)穂高神社 …… p.59
(56)戸隠神社 …… p.126
(57)久能山東照宮 …… p.116
(58)金時神社 …… p.105
(59)白山比咩神社 …… p.87
(60)氣比神宮 …… p.61
(61)平泉寺白山神社 …… p.87
(62)藤島神社 …… p.158
(63)熱田神宮 …… p.54
(64)真清田神社 …… p.90
㊸松陰神社 …… p.170
㊹走水神社 …… p.53
㊺鶴岡八幡宮 …… p.109
㊻白旗神社 …… p.110
㊼江島神社 …… p.136
㊽大山阿夫利神社 …… p.137
㊾児玉神社 …… p.169
㊿報徳二宮神社 …… p.171
(51)酒折宮 …… p.53
(52)武田神社 …… p.161

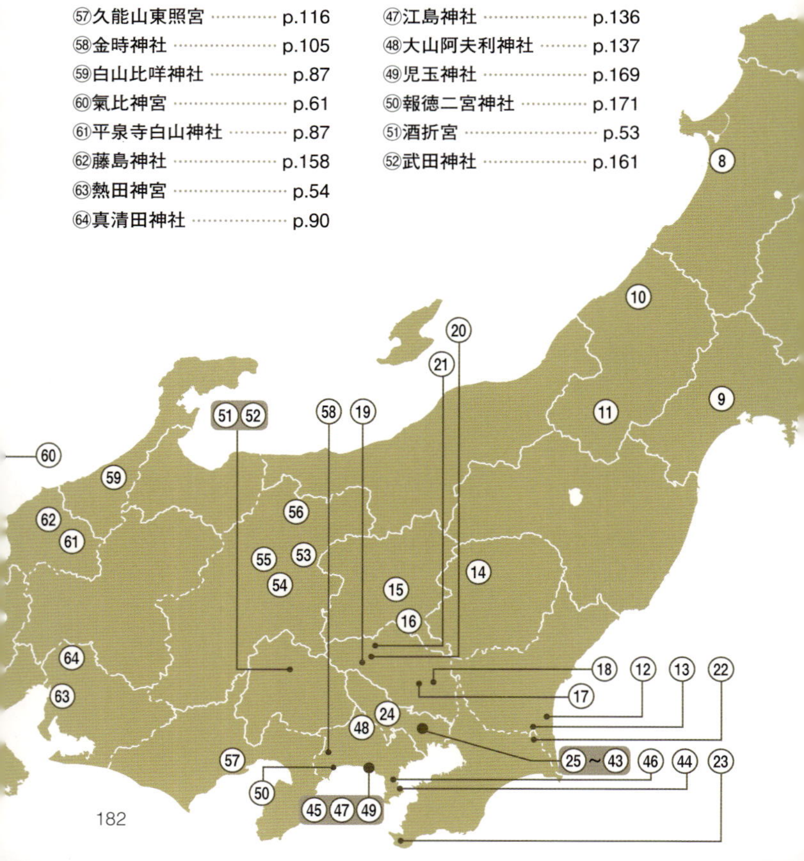

- ①義経神社 …………… p.110
- ②北海道神宮 …………… p.162
- ③上川神社 …………… p.163
- ④室蘭八幡宮 …………… p.163
- ⑤石狩八幡神社 …………… p.163
- ⑥住吉神社 …………… p.163
- ⑦函館八幡宮 …………… p.163
- ⑧古四王神社 …………… p.51
- ⑨青葉神社 …………… p.161
- ⑩出羽三山神社 …………… p.86
- ⑪上杉神社 …………… p.161
- ⑫鹿島神宮 …………… p.33
- ⑬息栖神社 …………… p.138
- ⑭日光東照宮 …………… p.115
- ⑮上野總社神社 …………… p.91
- ⑯世良田東照宮 …………… p.126
- ⑰高麗神社 …………… p.66
- ⑱仙波東照宮 …………… p.116
- ⑲三峯神社 …………… p.134
- ⑳秩父神社 …………… p.135
- ㉑寶登山神社 …………… p.135
- ㉒香取神宮 …………… p.32
- ㉓安房神社 …………… p.59
- ㉔谷保天満宮 …………… p.103
- ㉕亀戸天神社 …………… p.140
- ㉖明治神宮 …………… p.166
- ㉗神田明神 …………… p.105
- ㉘水天宮 …………… p.111
- ㉙日枝神社 …………… p.113
- ㉚愛宕神社 …………… p.124
- ㉛上野東照宮 …………… p.125
- ㉜白山神社 …………… p.127
- ㉝根津神社 …………… p.127
- ㉞赤坂氷川神社 …………… p.127
- ㉟湯島天満宮 …………… p.141
- ㊱王子稲荷神社 …………… p.142
- ㊲金刀比羅宮 …………… p.143
- ㊳富岡八幡宮 …………… p.147
- ㊴靖國神社 …………… p.154
- ㊵新田神社 …………… p.158
- ㊶乃木神社 …………… p.168
- ㊷東郷神社 …………… p.169

掲載神社マップ 西日本

- ⑮備中國総社宮 ····· p.91
- ⑯嚴島神社 ····· p.106
- ⑰大神山神社 ····· p.88
- ⑱神魂神社 ····· p.40
- ⑲出雲大社 ····· p.22
- ⑳高津柿本神社 ····· p.104
- ㉑隠岐神社 ····· p.165
- ㉒防府天満宮 ····· p.103
- ㉓赤間神宮 ····· p.111
- ㉔金刀比羅宮 ····· p.132
- ㉕石鎚神社 ····· p.89
- ㉖土佐神社 ····· p.58
- ㉗宗像大社 ····· p.28
- ㉘志賀海神社 ····· p.30
- ㉙住吉神社 ····· p.31
- ㉚香椎宮 ····· p.61
- ㉛英彦山神宮 ····· p.89
- ㉜太宰府天満宮 ····· p.102
- ㉝水天宮 ····· p.111
- ㉞宇佐神宮 ····· p.62
- ㉟高千穂神社 ····· p.37
- ㊱八代宮 ····· p.159
- ㊲青島神社 ····· p.39
- ㊳鵜戸神宮 ····· p.39
- ㊴狭野神社 ····· p.46
- ⑭宮崎神宮 ····· p.46
- ⑭王仁神社 ····· p.67
- ⑭霧島神宮 ····· p.37
- ⑭鹿兒島神宮 ····· p.38
- ⑭南洲神社 ····· p.171
- ㊄加夜奈留美命神社 ····· p.66
- ㊅漢国神社 ····· p.66
- ㊆辛国社 ····· p.66
- ㊇於美阿志神社 ····· p.67
- ㊈春日大社 ····· p.74
- ⑩手向山八幡宮 ····· p.77
- ⑩金峯神社 ····· p.83
- ⑩吉野神宮 ····· p.159
- ⑩丹生川上神社(中社) ····· p.47
- ⑩橿原神宮 ····· p.164
- ⑩日前神宮・國懸神宮 ····· p.57
- ⑩丹生都比売神社 ····· p.79
- ⑩熊野本宮大社 ····· p.85
- ⑩熊野速玉大社 ····· p.85
- ⑩熊野那智大社 ····· p.85
- ⑩伊弉諾神宮 ····· p.21
- ⑪出石神社 ····· p.66
- ⑪湊川神社 ····· p.156
- ⑪柿本神社 ····· p.105
- ⑭吉備津神社 ····· p.51

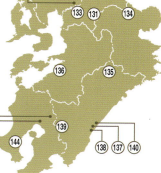

- ⑳松尾大社 …………… p.64
- ㉛八坂神社 …………… p.76
- ㉒貴船神社 …………… p.76
- ㉓石清水八幡宮 ……… p.81
- ㉔愛宕神社 …………… p.88
- ㉕御霊神社（上御霊神社）p.99
- ㉖北野天満宮 ………… p.100
- ㉗晴明神社 …………… p.105
- ㉘建勲神社 …………… p.117
- ㉙豊国神社 …………… p.117
- ㉚平安神宮 …………… p.164
- ㉛檜原神社 …………… p.16
- ㉜大神神社 …………… p.17
- ㉝大和神社 …………… p.51
- ㉞石上神宮 …………… p.56
- ㉕皇大神宮（内宮）…… p.25
- ㉖豊受大神宮（外宮）… p.27
- ㉗多賀大社 …………… p.21
- ㉘日吉大社 …………… p.79
- ㉙関蝉丸神社 ………… p.105
- ㉚近江神宮 …………… p.165
- ㉛磐船神社 …………… p.18
- ㉜生國魂神社 ………… p.47
- ㉝石切劔箭神社 ……… p.48
- ㉞住吉大社 …………… p.61
- ㉟枚岡神社 …………… p.61
- ㊱四条畷神社 ………… p.157
- ㊲阿部野神社 ………… p.159
- ㊳籠神社 ……………… p.27
- ㊴伏見稲荷大社 ……… p.64

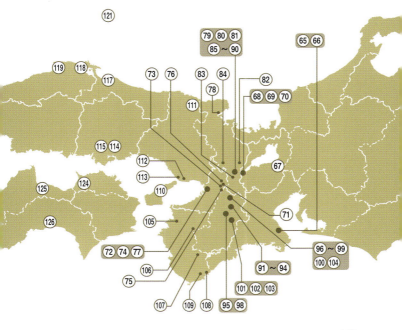

185

掲載神社索引

あ～お

青島神社	p.39
青葉神社	p.161
赤坂氷川神社	p.127
赤間神宮	p.111
愛宕神社(京都)	p.88
愛宕神社(東京)	p.124
熱田神宮	p.54
阿部野神社	p.159
安房神社	p.59
息栖神社	p.138
生國魂神社	p.47
生島足島神社	p.18
伊弉諾神宮	p.21
石狩八幡神社	p.163
石切劒箭神社	p.48
石鎚神社	p.89
出石神社	p.66
出雲大社	p.22
石上神宮	p.56
嚴島神社	p.106
石清水八幡宮	p.81
磐船神社	p.18
上杉神社	p.161
上野總社神社	p.91
上野東照宮	p.125
宇佐神宮	p.62
鵜戸神宮	p.39
江島神社	p.136
王子稲荷神社	p.142
近江神宮	p.165
大神山神社	p.88
大神神社	p.17
大山阿夫利神社	p.137
大和神社	p.51
隠岐神社	p.165
於美阿志神社	p.67

か～こ

柿本神社	p.105
鹿兒島神宮	p.38
香椎宮	p.61
橿原神宮	p.164
鹿島神宮	p.33
春日大社	p.74
香取神宮	p.32
上川神社	p.163
亀戸天神社	p.140
神魂神社	p.40
加夜奈留美命神社	p.66
辛国社	p.66
漢国神社	p.66
神田明神	p.105
北野天満宮	p.100
吉備津神社	p.51
貴船神社	p.76
霧島神宮	p.37
金時神社	p.105
金峯神社	p.83
久能山東照宮	p.116
熊野那智大社	p.85
熊野速玉大社	p.85
熊野本宮大社	p.85
氣比神宮	p.61
皇大神宮(内宮)	p.25
古四王神社	p.51
児玉神社	p.169
金刀比羅宮(香川)	p.132
金刀比羅宮(東京)	p.143
籠神社	p.27
高麗神社	p.66
御霊神社(上御霊神社)	p.99

さ～そ

酒折宮	p.53
狭野神社	p.46
志賀海神社	p.30
四条畷神社	p.157
松陰神社	p.170
白旗神社	p.110
白山比咩神社	p.87
水天宮(東京)	p.111

水天宮(福岡)	p.111
住吉神社(福岡)	p.31
住吉神社(北海道)	p.163
住吉大社	p.61
諏訪大社	p.34
晴明神社	p.105
関蝉丸神社	p.105
世良田東照宮	p.126
仙波東照宮	p.116

た〜と

高千穂神社	p.37
高津柿本神社	p.104
多賀大社	p.21
建勲神社	p.117
武田神社	p.161
手向山八幡宮	p.77
太宰府天満宮	p.102
秩父神社	p.135
鶴岡八幡宮	p.109
出羽三山神社	p.86
東郷神社	p.169
戸隠神社	p.126
土佐神社	p.58
富岡八幡宮	p.147
豊受大神宮(外宮)	p.27
豊国神社	p.117

な〜の

南洲神社	p.171
日光東照宮	p.115
新田神社	p.158
丹生川上神社(中社)	p.47
丹生都比売神社	p.79
根津神社	p.127
乃木神社	p.168

は〜ほ

白山神社	p.127
走水神社	p.53
日枝神社	p.113
英彦山神宮	p.89
備中國総社宮	p.91
日前神宮・國懸神宮	p.57
檜原神社	p.16
日吉大社	p.79
枚岡神社	p.93
伏見稲荷大社	p.64
藤島神社	p.158
平安神宮	p.164
平泉寺白山神社	p.87
報徳二宮神社	p.171
防府天満宮	p.103
穂高神社	p.59
北海道神宮	p.162
寶登山神社	p.135

ま〜も

真清田神社	p.90
松尾大社	p.64
三峯神社	p.134
湊川神社	p.156
宮崎神宮	p.46
宗像大社	p.28
室蘭八幡宮	p.163
明治神宮	p.166

や〜よ

八坂神社	p.76
靖國神社	p.154
八代宮	p.159
谷保天満宮	p.103
湯島天満宮	p.141
義経神社	p.110
吉野神宮	p.159

わ

王仁神社	p.67

おわりに

◆ 神社信仰は宗教なのか？

　神社を生んだ神道が、日本にいったいいつ生まれたかを特定することは難しい。考古学による発掘では、文献資料の存在しない古代の日本人の信仰を十分な形で明らかにすることはできない。ただ、相当に古い時代から日本人の間に神への信仰が存在したと言えるだけである。

　それから数千年の歳月を経て、神道の信仰は今に受け継がれ、全国には8万を超える神社が祀られている。それぞれの神社には摂社や末社もあり、個人の邸宅などに祀られているものを加えれば、その数は10万社をはるかに超える。20万社、あるいはもっと多いかもしれない。

　果たして神社に対する信仰を宗教としてとらえていいのか、それは難しい問題である。宗教という概念は、近代化によってヨーロッパからもたらされたもので、宗教の定義はキリスト教をモデルにしている。キリスト教と神道とでは、その性格は大きく違う。教会の有無は決定的で、神社は教会のような組織ではない。

　ただ、現代においては、個々の神社は「宗教法人」の形態をとっており、その点では神社に対する信仰は宗教であるということになる。しかも、神社界にも、神社本庁のように多くの神社を束ねている組織も存在している。

◆ 2033年、試される神社信仰

　もう一つ、近代以降の特徴としては、宮中祭祀の誕生である。天皇は皇祖神を祀る神主としての役割を担うようになった。

神社本庁は、天照大神を祀る伊勢神宮を「本宗」として神社界の中心に位置づけている。そのことが、神社の世界に新たな秩序を生み出している。

　現在見られる神社の形は、歴史の産物であり、かつての姿とは違う。古代とは異なることはもちろん、神仏習合の時代が続いた中世や近世とも違う。それぞれの神社で行われている祭も、今の形をとるようになったのが相当に新しいという場合もある。古いようでいて新しい。そこに、神社の最大の特徴がある。

　では、これから神社はどうなっていくのだろうか。

　人口減少という事態が進むなかで、神社を支える人々の数が少なくなり、個々の神社を維持していくのが難しくなるとも指摘されている。神社を支えてきた地域の共同体が、高齢化によって力を失っていることも大きい。皇族の数の減少も、皇位継承が果たしてこれからもつつがなく行われていくのかという危機を生んでいる。

　おそらく、これからの神社の行方を考える上で、大きな節目になるのは、2033年に予定されている伊勢遷宮だろう。費用も莫大な額がかかるようになり、次も同じような形でできるかどうかは未知数である。神社信仰は健在なのか、そのときそれが試されることになるはずだ。

皇大神宮（伊勢神宮内宮）の参道。太古から清浄に保たれてきた神域は、今も私たちを惹きつけて止まない。

参考文献

伊藤聡『神道とは何か 神と仏の日本史』中公新書
井上智勝『吉田神道の400年 神と葵の近世史』講談社メチエ
上田正昭編『出雲』吉川弘文館
同編『春日明神 氏神の展開』筑摩書房
同編『住吉と宗像の神』筑摩書房
岡田荘司編『日本神道史』吉川弘文館
五来重『熊野詣 三山信仰と文化』講談社学術文庫
近藤喜博『稲荷信仰』はなわ新書
同『金毘羅信仰研究』塙書房2巻、桜楓社
櫻井勝乃進『伊勢神宮』学生社
篠原四郎『熊野大社』学生社
下出積與『白山の歴史－神と人とその時代』北國新聞社
千家尊統『出雲大社』学生社
竹内秀雄『天満宮』吉川弘文館
逵日出典『八幡神と神仏習合』講談社現代新書
東実『鹿島神宮』学生社
直江廣治編『稲荷信仰』雄山閣出版
中野幡能『八幡信仰』はなわ新書
同『八幡信仰事典』戎光祥出版
西垣晴次『お伊勢まいり』岩波新書
真弓常忠『祇園信仰』朱鷺書房
同『住吉信仰』朱鷺書房
同編『祇園信仰事典』戎光祥出版
宮家準『熊野修験』吉川弘文館
三好和義他『伊勢神宮』淡交社
同『春日大社』淡交社
村山修一編『天神信仰』雄山閣出版
矢崎孟伯編『諏訪大社』銀河書房
吉井良隆編『えびす信仰事典』戎光祥出版

島田裕巳『一生に一度は行きたい 日本の神社100選』TJMOOK
同『神も仏も好きな日本人』ちくま新書
同『神社崩壊』新潮新書
同『神道はなぜ教えがないのか』ワニ文庫
同『戦後日本の宗教史：天皇制・祖先崇拝・新宗教』筑摩選書
同『なぜ八幡神社が日本でいちばん多いのか 最強11神社
　－八幡・天神・稲荷・伊勢・出雲・春日・熊野・祇園・諏訪・白山・住吉の信仰系統』幻冬舎新書
同『「日本人の神」入門 神道の歴史を読み解く』講談社現代新書
同『靖国神社』幻冬舎新書

著者：島田　裕巳 (しまだ　ひろみ)

宗教学者　作家　劇作家
1953年東京生まれ。東京大学文学部宗教学宗教史学専修課程卒業、東京大学大学院人文科学研究課程修了。放送教育開発センター助教授、日本女子大学教授、東京大学先端科学技術研究センター特任研究員を歴任。現在は東京女子大学非常勤講師。『創価学会』『神社崩壊』（新潮新書）、『日本の10大新宗教』『葬式は、要らない』（幻冬舎新書）ほか著書多数。

イラスト：川島　健太郎 (かわしま　けんたろう)

イラストレーター。
歴史関係のイラストや文庫カバーなど、幅広い分野で活動中。
好きな画家はグスタフ・クリムト、アーサー・ラッカム、月岡芳年、吉田博など。
制作実績：http://illustramble.skr.jp/

Stuff

編集協力	坂尾昌昭、小芝俊亮（G.B.）、平谷悦郎
取材協力	中島正頼、石井亮子（p172～173）
AD	山口喜秀（Q.design）
デザイン	森田千秋（Q.design）
DTP	G.B.Design House

神魂神社（p.40）
写真提供：リメンバーしまね事務局（http://www.re-member.jp/）

SBビジュアル新書 0010

神社から読み解く信仰の日本史

2019年4月15日　初版第1刷発行

著　者	島田　裕巳
発行者	小川　淳
発行所	SBクリエイティブ株式会社 〒106-0032東京都港区六本木2-4-5 営業03(5549)1201
装　幀	Q.design(森田千秋)
組　版	G.B.Design House
編　集	北村耕太郎
印刷・製本	株式会社シナノ パブリッシング プレス

乱丁・落丁本が万が一ございましたら、小社営業部で着払いにてご送付ください。送料小社負担にてお取り替えいたします。本書の内容の一部あるいは全部を無断で複写(コピー)することは、かたくお断りいたします。本書の内容に関するご質問等は、小社SBビジュアル新書編集部まで必ず書面にてご連絡いただきますようお願いいたします。

Ⓒ Hiromi Shimada 2019 Printed In Japan
ISBN978-4-8156-0134-8